新农村科普书架系列丛书

话说 Huashuo
农产品生产与食品安全

科技部中国农村技术开发中心 组织编写

吴亚君 王 娉◎主编 吴飞鸣 陈 颖◎主审

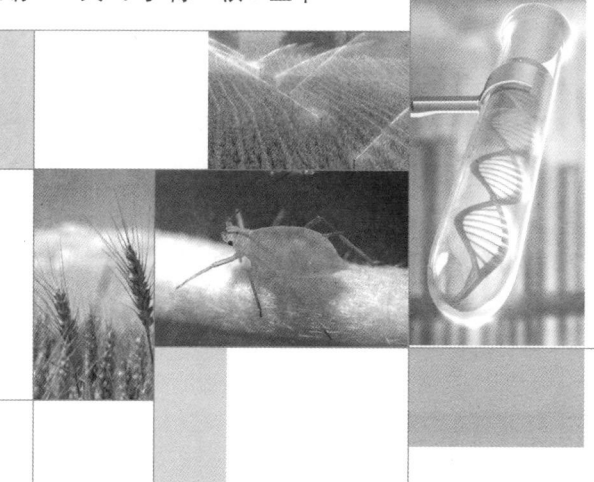

中国劳动社会保障出版社

图书在版编目(CIP)数据

话说农产品生产与食品安全/吴亚君等主编.—北京：中国劳动社会保障出版社，2014
(新农村科普书架系列丛书)
ISBN 978-7-5167-1117-0

Ⅰ.①话… Ⅱ.①吴… Ⅲ.①农产品生产-普及读物②食品安全-普及读物 Ⅳ.①F304.2②TS201.6-49

中国版本图书馆 CIP 数据核字(2014)第 122485 号

中国劳动社会保障出版社出版发行
(北京市惠新东街 1 号　邮政编码：100029)
*
三河市潮河印业有限公司印刷装订　新华书店经销

880 毫米×1230 毫米　32 开本　4.5 印张　82 千字
2014 年 6 月第 1 版　2015 年 12 月第 4 次印刷
定价：22.00 元

读者服务部电话：(010) 64929211/64921644/84626437
营销部电话：(010) 64961894
出版社网址：http://www.class.com.cn

版权专有　　侵权必究

如有印装差错，请与本社联系调换：(010) 50948191
我社将与版权执法机关配合，大力打击盗印、销售和使用盗版图书活动，敬请广大读者协助举报，经查实将给予举报者奖励。
举报电话：(010) 64954652

新农村科普书架系列丛书
编委会

主　任	贾敬敦
副主任	吴飞鸣　黄卫来
编　委	白启云　胡熳华　孟燕萍　张　富　李凌霄
	林京耀　黄　靖　邱永春　王　辉　姜清彬
	田玉庭　郭　凯　赵雄炜　迟青山　魏宗梅
	吴世军　李　铮　仝赞华　邱德文　梁成光
	李光鹏　吴亚君　陈　颖　海江波　王留芳
	同延庆　贾志宽　刘升平　诸叶平　祝水金
	李从峰　赵　明

本书编写人员

主　编	吴亚君　王　娉
副主编	邓婷婷　杨海荣
参　编	（按拼音字母排序）
	常巧英　韩建勋　胡　玥　胡雪艳　李富威
	刘鸣畅　彭　涛　邵　雨　王　斌　杨艳歌
	张九凯　赵勇胜
主　审	吴飞鸣　陈　颖

前言

党的"十八大"明确指出,要加快发展现代农业,积极推进现代农业示范区建设,提高农业规模化、标准化、集约化、专业化水平,要把解决好农业农村农民问题作为全党工作的重中之重。当前,我国农业生产技术相对落后,农民科学意识比较薄弱,农业发展正处于从数量型向数量与质量、效益型并重转变的新阶段,发展有中国特色的现代农业、建设社会主义新农村成为当前农业和农村工作的重要任务。根据新农村建设的总体要求,全面促进农村经济社会发展是根本,加大农业科技人才培养是保证,培育一批有文化、懂技术、会经营的新型农民是关键。

为更好地在农村普及科技文化知识,让广大农民了解农业生产的前沿技术和未来农业发展的新动态,树立先进思想理念,倡导绿色健康生产生活方式,中国农村技术开发中心联合中国劳动社会保障出版社组织相关领域的专家,从克隆技术、精准农业、生物农药、低碳农业等农业前沿技术和热点话题入手，编写了"新农村科普书架系列丛书"，首批推出的图书有《话说转基因》《话说克隆技术》《话说生物农药》《话说精准农业》《话说低碳农业》《话说农业生态环境》《话说农产品生产与食品安全》《话说节气与农业生产》。该套丛书采用讲座和讨论等形式，通俗易懂、图文并茂、深入浅出地介绍了大量普及性、实用性的农业科学知识、农业生态环境知识、农业先进技术等。希望这套丛书能够为广大农民朋友、农业科技人员、农村经纪人和农村基层干部提供一套良好的学习材料，增加科技知识，强化科技意识和环保意识，为现代农业的科学发展、为新农村的健康生活起到技术指导和咨询作用。

本套丛书在编写过程中得到了中国农业科学院、浙江大学、西北农林科技大学、北京市农林科学院、北京市产品质量监督检验所、内蒙古大学等单位众多专家的大力支持。参与编写的专家倾注了大量心血，付出了辛勤的劳动，将多年丰富的实践经验奉献给读者。主审专家投入了大量时间和精力，提出了许多建设性的意见和建议，在此表示衷心的感谢。

由于编者水平有限，时间仓促，书中错误或不妥之处在所难免，衷心希望广大读者批评指正。

编委会

2013年10月

内容简介

本书针对农产品生产和加工中可能出现的各种危害物和控制措施,通过六个话题,即农药、兽药、微生物、生物毒素、过敏源、食品及农产品质量管理,介绍了当前农产品和食品安全领域最受关注的几个问题。针对农药介绍了分类、用途、对环境和人体健康的影响以及农药的限量要求等。针对兽药介绍了种类、用途、影响,尤其是耐药性问题,以及世界对兽药残留的限量和控制措施等。在微生物方面,介绍了农产品和食品中的致病菌和病毒种类、生物学特性、危害以及控制措施。针对生物毒素,则对农产品中的动物毒素、植物毒素、真菌毒素、细菌毒素分门别类进行介绍,主要描述了各种毒素的来源、污染途径、危害、限量等。对食物过敏问题,则从常见食物过敏源种类、致敏机理、控制措施、检测诊断等方面进行阐述。最后介绍了目前全球几种主要的农产品和食品质量安全管理模式,包括当前对农产品和食品中安全因素的检测技术。

目录

引言 …………………………………………… 1

话题一　农药 …………………………………… 3
说说　什么是农药 ……………………………… 3
说说　农药的用途 ……………………………… 6
说说　农药的影响 ……………………………… 8
说说　农药残留 ………………………………… 13
说说　未来农药的发展 ………………………… 16

话题二　兽药 …………………………………… 19
说说　什么是兽药 ……………………………… 19
说说　兽药的用途 ……………………………… 21
说说　兽药的影响 ……………………………… 31
说说　兽药残留 ………………………………… 38
说说　未来兽药的发展 ………………………… 43

话题三　微生物 …… 47
说说　什么是微生物…… 47
说说　微生物的利与弊…… 61
说说　如何控制农产品中的微生物…… 63

话题四　生物毒素 …… 67
说说　什么是生物毒素…… 67
说说　动物毒素…… 69
说说　植物毒素…… 77
说说　真菌毒素…… 82
说说　细菌毒素…… 87

话题五　食物过敏 …… 93
说说　什么是食物过敏…… 93
说说　食物过敏的检测与控制…… 98

话题六　食品及农产品质量安全管理 …… 107
说说　食品及农产品质量安全管理体系…… 108
说说　食品及农产品质量安全检测技术…… 113

附录　农产品和食品标志 …………………… 125

企业食品生产许可证标志…………………………… 125

无公害农产品标志…………………………………… 126

绿色食品标志………………………………………… 127

有机食品标志………………………………………… 128

农产品地理标志……………………………………… 129

结语 ………………………………………………… 131

引 言

2013年12月中央农村工作会议指出："食品安全源头在农产品，基础在农业，必须正本清源，首先把农产品质量抓好……用最严谨的标准、最严格的监管、最严厉的处罚、最严肃的问责，确保广大人民群众'舌尖上的安全'。"

随着我国经济社会的发展，农业科技也得到迅猛发展，国家惠农政策不断出台，农贸市场越加活跃，进一步提高了农业生产者的积极性。然而现阶段我国农产品质量存在诸多问题，主要体现在农产品产地环境立体交叉污染、农业投入品安全隐患、农产品及食品加工运输储藏过程中的污染等。"民以食为天，食以安为先"，农产品的科学种植、养殖、生产、加工是实现食品安全的基本保障，也是经济社会可持续发展的重要支撑。

因此，我们针对农产品生产和加工中可能出现的各种危害物和控制措施，分门别类进行简要介绍，以期为广大农民朋友以及从事农产品生产加工的科技人员，提供快速了解农产品科学生产以及食品安全问题和常识的读本，以为我国的农业和食品工业发展、市场的繁荣稳定、消费者的健康福祉贡献微薄之力！

话题一

农药

说说 什么是农药

● 什么是农药

按《中国农业百科全书·农药卷》的定义,农药主要是指用来防治危害农林牧业生产的有害生物(害虫、害螨、线虫、病原菌、杂草及鼠类)和调节植物生长的化学药品,通常也把改善有效成分物理、化学性状的各种助剂包括在内。从广义上看,农药是指用于预防、消灭或者控制危害农业、林业、牧业的病、虫、草和其他有害生物,有目的地调节植物、昆虫生长,化学合成或者来源于生物、其他天然物质的一种物质或者几种物质的混合物及其制剂。

为什么要使用农药

在农业生产中,病虫害的发生直接影响着农作物的生长发育,影响着农作物的质量和产量。在对农作物病虫害的防治措施中,农药的使用不可或缺。资料显示,若不施用农药,农林作物因为受病虫害及杂草影响而减少的产量十分惊人,通过农药的使用,每年将挽回大量的粮食和经济损失。另外,随着我国人口的增长以及城市建设和工业用地的增加,耕地面积在不断减少,为了满足不断增长的人口的需求和人民生活水平的提高,提高单位面积产量是解决我国粮食问题的重要出路之一,而使用农药防治病、虫、草、鼠害是保证农业丰产的重要手段。

害虫粘虫正在侵蚀玉米苗

发生病虫害的茄子

人类使用农药的历史

公元前1500年古希腊和古罗马人就使用含砷矿物粉杀虫。中国也是世界上最早应用杀虫剂、杀菌剂防治植物病虫害的国家之一,早在3 000年以前人们就知道用草木灰杀虫,用草熏杀蠡(lí)虫。

● **常见的农药有哪些**

农药的品种有很多,常根据用途、原料来源及加工剂型进行分类,以便于研究和使用。

按用途分类,有杀虫剂、杀菌剂、杀螨剂、杀线虫剂、杀鼠剂、除草剂、脱叶剂、植物生长调节剂等。

按原料来源分类,有无机农药、有机农药、生物农药。

按加工剂型分类,有粉剂、可湿性粉剂、可溶性粉剂、乳剂、乳油、浓乳剂、乳膏、糊剂、胶体剂、熏烟剂、熏蒸剂、烟雾剂、油剂、颗粒剂、微粒剂等。

● **目前全世界的农药有多少种**

由于人类对粮食增长的需求,农作物种植面积在不断扩大,农药使用量及种类也不断上升。迄今为止,在世界各国注册的农药品种已达1 500多种,上市农药品种共559个。占首位的是除草剂,共221个品种;占第二位的是杀虫剂,共163个品种;占第三位的是杀菌剂,共142个品种;其他类(熏蒸剂、植物生长调节剂)共33个品种。

小知识

人类在长期的农业生产实践中,积累和发展了使用药品与农作物病、虫、草、鼠害做斗争的丰富经验。1763年,法国用烟草及石灰粉防治蚜虫,这是世界上首次报道的杀虫剂。1800年,美国人Jimtikoff发现高加索部族用除虫菊粉杀灭虱、蚤,并于1828年商品化。19世纪60年代前后,农药开始进入工厂生产,正式在市场上作为商品销售。

说说 农药的用途

● 农药可以杀虫

用于防治农业害虫和城市卫生害虫的药物通常被称为杀虫剂，在标签上用"杀虫剂"或"杀螨剂"字样和红色带表示。那么杀虫剂是如何杀虫的呢？

有些杀虫剂通过被害虫取食进入其消化系统，对害虫起毒杀作用；有些杀虫剂通过接触害虫的表皮或其他器官渗透进虫体内，腐蚀虫体蜡质层或堵塞气门而杀死害虫；有些杀虫剂先被植物吸收，当害虫来侵蚀植物时，杀虫剂就会一同进入虫体内，从而杀死害虫；还有些杀虫剂是液体或固体状态，在使用时必须将杀虫剂进行一定的处理，使其挥发形成蒸气，从而毒杀害虫。

● 农药可以除草

能够彻底地或选择性地使杂草枯死的药剂通常被称为除草剂，在标签上用"除草剂"字样和绿色带表示。那么除草剂是如何除草的呢？

有些除草剂通过与杂草接触，从而使杂草死亡，这种除草剂称为触杀性除草剂。触杀性除草剂只能杀死杂草与药剂接触的部分，而对杂草的地下部分或深根性杂草则"无能为力"；有些除草剂可以被植物的根、茎或叶片等部位吸收，然后传导到植物体内，破坏植物体内结构及生理平衡，从而使植物死亡，这种除草剂称为内吸性除草剂。内吸性除草剂可对杂草的地上地下部位均起到毒杀作用。

农药可以消灭病原菌

凡是对病原菌有杀死作用或抑制生长作用，但又不妨碍植物正常生长的药剂，统称为杀菌剂，在标签上用"杀菌剂"字样和黑色带表示。那么杀菌剂是如何消灭病原菌的呢？

有些杀菌剂直接与病原菌接触，杀死或抑制病原菌，使之无法进入植物体内，从而保护植物免受病原菌的侵染；

有些杀菌剂施用于作物的某一部位，被作物吸收并在其体内运输，运输到作物被病菌侵染的部位时发生作用，从而杀灭病原菌。

农药可以调节植物生长

人工合成的对植物的生长发育有调节作用的化学物质以及从生物中提取的天然植物激素，统称为植物生长调节剂。那么植物生长调节剂是如何调节植物生长的呢？

植物生长调节剂主要是通过调节植物体内各种激素的合成与含量，调控作物的生育进程，如控制萌芽和休眠、促进生根、促进细胞生长及分裂、控制开花或雌雄性别、诱导无子果实等。

说说 农药的影响

农药对人体的影响

日常生活中接触环境和食物中的残留农药是农药进入人体的主要途径。接触或食用含有农药的食物，短时间内虽不会引起人体出现明显急性中毒症状，但农药会在人体内不断蓄积，产生慢性危害，威胁人体健康，如破坏神经系统的正常功能，干扰人体内激素的平衡，影响男性生殖力，引起免疫缺陷症，降低人体免疫力，而使其他疾病的患病率及死亡率上升，致癌、致畸、致突变等。

农药对环境的影响

农药可以有效地防治农作物病、虫、草、鼠害，是农作物增产的有效保障，但同时农药的使用也给环境、人畜和食品安全带来了严重的影响。农药对环境的污染主要包括对大气、水体和土壤的污染。进入环境的农药在环境各要素间迁移、转化，并通过食物链富集，最后对生物和人体造成危害。

对大气的影响

大气中农药的主要来源有施用农药时产生的药剂漂浮物和来自农作物表面、土壤表面及水中残留农药的蒸发、挥发扩散。另外，农药厂排出的废气也是农药污染大气的主要原因。

大气中残留的农药漂浮物，被大气中的飘尘所吸附或以气体与气溶胶的形式悬浮在空气中。随着大气的运动，这些漂浮物不断扩散，使大气污染的范围扩大，有的甚至可以飘到很远的地方，致使未曾使用农药的地方也出现农药残留物。据报道，在地球的南、北极圈内和喜马拉雅山最高峰上都发现有机氯农药的存在。

对水体的影响

水体中农药的来源是多方面的，如直接向水体投入农药、农田施用的农药随雨水或灌溉水向水体迁移、农药厂废水的排放、大气中残留的农药随降雨进入水体、农药使用过程中的雾滴或粉尘微粒随风飘移沉降进入水体、清洗施药工具和器械的废水等。

水体被污染后，会使水生生物大量减少，破坏生态平衡，而且有些水生生物对农药的富集能力很强，如水中滴滴涕的含量很低，但鱼体内的滴滴涕比水中高数十万倍，这些鱼类如果被人食用，便会对人体健康造成危害。此外，农药不仅会污染地表水，施用农药后土壤中残留的农药还会随水渗入地下水体，对地下水造成污染。地下水中生物量极少，水温低，无光照，受到农药污染后极难降解，易造成持久性污染，治理难度更大。如果被污染的地下水被当作饮用水，将会严重危害人体健康。

小知识

生物富集又叫生物浓缩，是指生物体通过对环境中某些元素或难以分解的化合物的积累，使这些物质在生物体内的浓度超过环境中浓度的现象。

生物富集对自然界的其他生物也有重要影响，例如美国的国鸟白头海雕就曾受到滴滴涕（DDT）生物富集的影响。1952—1957年，鸟类爱好者观察到白头海雕的出生率在下降。随后的研究表明，高浓度的滴滴涕会导致白头海雕的卵壳变软以致无法承受自身的重量而碎裂。直到1972年美国环境保护署正式全面禁止使用滴滴涕，白头海雕的数量才开始恢复。

对土壤的影响

土壤中农药的来源主要有直接向土壤中施用农药，大气中的残留农药与喷洒时附着在农作物上的农药经雨水淋洗进入土壤中，用已被农药污染的水体灌溉农田。

喷施于农作物上的农药，除部分被植物吸收或进入大气外，约有80%散落于农田。农药在土壤中的残留会造成土壤板结、退化，农作物产量和品质下降。长期受农药污染的土壤还会出现明显的酸化，微生物和蚯蚓等土壤生物减少，某些土壤营养元素加速流失。

> **小知识**
>
> **农药会自行降解吗**
>
> 在常用的各种化学农药中，有机氯农药是最难降解的，有机磷农药相对容易降解，氨基甲酸酯类农药最容易降解。农药的降解需要生物、物理、化学等因素的参与。农药经过降解，其毒性降低甚至消失，但也有一些农药自身的毒性不大，中间降解产物的毒性却很大，这些降解产物残留于土壤或农作物上，会产生更加严重的影响。

● 哪些农药是禁用的

中国目前全面禁止和限制使用的农药

全面禁止使用的农药（23种）：根据农业部第274号公告，全面禁止使用甲胺磷、甲基对硫磷、对硫磷、久效磷、磷胺；根据农业部第199号公告，全面禁止使用六六六、滴滴涕、毒杀芬、二溴氯丙烷、杀虫脒、二溴乙烷、除草醚、艾氏剂、狄氏剂、汞制剂、砷类、铅类、敌枯双、氟乙酰胺、甘氟、毒鼠强、氟乙酸钠、毒鼠硅。

部分农作物禁止使用的农药（19种）：根据农业部第199号公告，禁止在蔬菜、果树、茶叶、中草药材上使用的农药有甲拌磷、甲基异柳磷、特丁硫磷、甲基硫环磷、治螟磷、内吸磷、克百威、涕灭威、灭线磷、硫环磷、蝇毒磷、地虫硫磷、氯唑磷、苯线磷；根据农业部第194号公告，禁止在甘蓝上使用氧化乐果，禁止在甘蔗上使用特丁硫磷；根据农业部第199号公告，禁止在茶树上使用三氯杀螨醇、氰戊菊酯；根据农业部第274号公告，禁止在花生上使用丁酰肼。

欧盟国家目前全面禁止和限制使用的农药

根据欧盟2076/2002法规，欧盟目前全面禁止和限制使用的农药如下：

杀虫杀螨剂（30种）。包括杀螟丹、乙硫磷、苏云金杆菌δ-内毒素、氧化乐果、三唑磷、喹硫磷、甲氰菊酯、溴螨酯、氯唑磷、定虫隆、嘧啶磷、久效磷、丙溴磷、甲拌磷、特丁硫磷、治螟磷、磷胺、双硫磷、胺菊酯、稻丰散、残杀威、地虫硫磷、双胍辛胺、丙烯菊酯、四溴菊酯、氟氰戊菊酯、丁醚脲、三氯杀螨砜、杀虫环、苯螨特。

杀菌剂（8种）。包括托布津、稻瘟灵、敌菌灵、有效霉素、甲基胂酸、恶霜灵、灭锈胺、敌磺钠。

除草剂（20种）。包括苯噻草胺、异丙甲草胺、扑草净、丁草胺、稀禾定、吡氟禾草灵、吡氟氯禾灵、恶唑禾草灵、喹禾灵、氟磺胺草醚、三氟羧草醚、氯炔草灵、灭草猛、哌草丹、野草枯、氰草津、莠灭净、环嗪酮、乙羧氟草醚、草除灵。

植物生长调节剂（3种）。包括氟节胺、抑芽唑、2，4，5-涕。

杀螺剂（1种）。蜗螺杀。

说说 农药残留

● 什么是农药残留

农药残留是指农药使用后残存于环境、生物体、农产品或食品中的农药母体、衍生物、代谢物、降解物和杂质的总称。农药残留是施药后的必然现象，但如果超过最大残留限量标准，会对人畜和生态系统中的其他生物产生不良影响。国家禁止在蔬菜生产中使用的有机磷农药和氨基甲酸酯类农药，如甲胺磷、氧化乐果、甲拌磷、对硫磷、甲基对硫磷等，使用这些农药会造成蔬菜农药残留量超标。

● 含有农药残留的农产品可以吃吗

食用含有农药残留的农产品是否安全取决于农药的残留量、毒性和食用的量。食用含有大量高毒、剧毒农药残留的食物会导致人、畜急性中毒事故。长期食用农药残留超标的农副产品，虽然不会导致急性中毒，但可能引起人和动物的慢性中毒，导致疾病的发生，诱发癌症，甚至影响到下一代。为确保农产品的安全，各国根据农药的毒理学数据（主要是每日允许摄入量和急性参考剂量）和居民食物结构等制定农药残留限量标准。残留量低于标准是安全的，可以放心食用，而超标农产品则存在安全风险，不应食用。

> **小知识**
>
> 每日允许摄入量（Acceptable Daily Intake, ADI）：人类终生每日摄入某物质，而不产生可检测到的危害健康的估计量。
>
> 急性参考剂量（Acute Reference Dose, ARFD）：食品或饮水中某种物质，在较短时间内（通常指在一餐或一天内）被吸收后不致引起目前已知的任何可观察到的健康损害的剂量。

哪些农产品的农药残留风险更大

蔬菜、水果和谷物等与我们的日常生活息息相关，也是农药残留最容易污染的农产品。蔬菜类农产品主要分为叶菜类、根茎类、果菜类和豆类，其中农药残留问题最严重的是叶菜类，果菜类、豆类和根茎类蔬菜农药残留较低，超标率也不高。其原因主要是农药直接喷洒在叶菜表面，容易被吸收，而且叶菜生长期较短，用药时间距离上市时间比较短，难以达到安全间隔期的要求，因此叶菜类蔬菜上附着的农药相对较多。其他三类农药残留则主要是来自于植株根系吸收和空气吸入，因此含量较少。水果农药残留超标现象较为普遍，但食用水果时多去皮去壳，急性中毒事件相对较少。小麦、水稻和玉米等谷物，由于其生长期、储存期长，大部分农药残留会降解掉，而且又要经过加工和烹调，残留会进一步去除和降解，相对比较安全。

如何去除农药残留

农产品中的农药残留可以通过一些方法去除或者减少，常用的简单方法包括放置、洗涤、烹调和去皮等。

放置。因为农药残留会随着时间的延长不断地降解，一些耐储藏的蔬果，如土豆、白菜、黄瓜、西红柿等，购买后可以放置几天，这样不仅会减少部分农药残留，而且可以促使农产品继续熟化。

洗涤。农产品表面或外部的农药残留较易被水或洗洁精冲洗掉，因此，在烹调前将蔬菜用水泡半个小时，再适当加洗洁精冲洗，基本可去除表面的水溶性农药残留。

烹调。高温一般可以使部分农药残留更快地降解。

去皮。苹果、梨、柑橘等农产品表皮上的农药残留一般都要高于内部组织，因此，削皮、剥皮是去除农药残留的好方法。

值得一提的是，无论采用什么方法，要完全清除农产品中的农药残留，特别是清除已进入农产品内部组织的农药残留是很困难的。如果在去除农药残留过程中使用了其他物质，如洗洁精、菌剂、酶剂等，也需要考虑这些物质使用后的残留对人体的安全性问题，因为洗洁精等虽然能去除农药残留，但其本身作为化学或生物污染物也有可能对农产品（或食品）造成二次污染，有些洗涤剂的毒性可能比许多农药还大。

说说 未来农药的发展

未来全世界对农药的需求将不断增长。目前，世界人口正在以前所未有的速度增长，联合国预测，到2050年，全球总人口将从现在的67亿增加到92亿，这意味着对食品的需求将增加，而全球耕地面积却在不断减少，农药的施用会提高农作物的质量和产量，因此，未来对农药的需求量会越来越大。

高效、低毒、低残留农药品种将成为主流。长期大面积使用化学农药引起的农药残留、生态被破坏和环境被污染等问题将日趋严重。在这种情况下，降低或禁止使用高毒、高残留的化学农药已成为保障人类健康、生态平衡和农业可持续发展的重要趋势。

生物农药快速发展，将成为化学农药的有力补充。生物农药可分为微生物生物农药、植物生物农药和动物生物农药等类型。生物农药的优势不言而喻，它们比常规的农药安全得多，少量使用生物农药就能产生显著的效果，而且降解速度快，能够最大限度地减少对环境的影响。

农药企业整合重组将是大势所趋。我国农药生产企业多达2 600余家，但其中大部分为中小企业，加之长期受技术落后、产品老化、附加值低等困扰，处于较落后的状态。未来几年，我国现有农药企业将有一大批被淘汰，同时一些企业会形成联盟，共同抵御风险，开发新产品。

小知识

1962年，美国海洋生物学家蕾切尔·卡逊出版了专著《寂静的春天》，引发了全世界对环境保护的广泛关注。书中描述了人类可能面临一个没有鸟、蜜蜂和蝴蝶的世界。该书将农药定性为"有很大的威力，不仅毒害，而且以险恶、往往是致命的方式进入人的体内并改变之。"

关于农药的定义，不同的时代、不同的国家和地区也有所差异。如美国早期将农药定义为"经济毒剂"，欧洲则称之为"农业化学品"，还有的书刊将农药定义为"除化肥以外的一切农用化学品"。20世纪80年代以前，农药的定义和范围偏重于强调对有害物的"杀死"，但20世纪80年代以后，农药的概念并不注重"杀死"，而是更注重于调节。

话题二

兽药

说说 什么是兽药

● 什么是兽药

兽药也称兽用药或动物用药,广义指用于防治除人类以外的所有动物疾病及促进其生长繁育的药物,是主要用于预防、治疗、诊断动物疾病或有目的地调节动物生理机能的物质;狭义概念上则主要指家畜家禽的用药。

随着集约化养殖业的不断发展,庞大密集的畜禽流动频繁,为动物传染病、寄生虫病、中毒病和营养代谢等疾病的流行创造了条件。很容易造成动物发病率、死亡率提高,生产性能下降,从而使畜牧养殖业遭受巨大损失。

作为畜牧业发展的三大支柱之一,兽药为畜牧业、养殖业和宠物保健业的健康发展提供了保障。国际动物保健协会的市场报告指出，如果不使用兽药，禽类和家畜的养殖数量分别要增加25%和89%，才能获得目前同样的产量，而且兽药产业的健康、快速发展也有助于社会财富的积累、国民经济的增收和人民生活水平的提高。

常见的兽药有哪些

兽药作为保障养殖动物身体健康的有力武器，被广泛地应用于畜禽、水产，以及蜜蜂和蚕等绝大多数动物。

按兽药用途分，有一般疾病防治药、传染病防治药、体内体外寄生虫病防治药和饲料添加剂（包括促生长药）。其中除防治传染病的生化免疫制品（菌苗、疫苗、血清、抗毒素和类毒素等），以及畜禽特殊寄生虫病药和促生长药等专用兽药外，其余均与人用相同，只是剂量、剂型和规格有所区别。兽药早就广泛用于防治畜禽疾病。

按药物来源分，有生物制品、中兽药、生化药品和抗生素药品。

生物制品是以微生物、寄生虫、生物毒素或生物组织及代谢产物等为原材料制成的生物活性制品。在防治畜禽和水生动物传染性疾病方面可谓是一把"利剑"，最常见应用面也最广的就是疫苗；中兽药是指医生运用博大精深的中医知识，对症给动物配置的草药或者中成药，它最大的优点就是毒副作用小，对畜禽的化验指标影响小；生化药品是指以生物化学方法从生物材料中分离、纯化、精制而成药品，由于它们纯度很高，可以用于治疗、预防，甚至是诊断疾病；抗生素是某些微生物在代谢过程中产生的，能够抑制或杀灭其他有害微生物的物质，主要用于动物疾病的临床治疗，由于它在短期内的效果突出，所以极受养殖人员的喜爱。

按兽药剂型分，有液态、半固体剂型、固体剂型和气雾剂。

● 目前全世界的兽药有多少种

美国《兽药索引》收载兽用原料药460种。据统计，2002—2006年美国食品药品监督管理局共批准新药158种，其中抗感染药最多，共47种，饲料添加剂34种，抗寄生虫药32种，激素类药14种，非甾体药及其他31种。

《英国兽药典》收载原料药210种，制剂130多种和生化免疫制品40种。

《中国兽药典》2010年版收载品种总计1 829种。其中，化学药品、抗生素、生化药品及药用辅料共592种；药材和饮片、植物油脂和提取物、成方制剂和单味制剂共1 114种；生物制品123种。

说说 兽药的用途

● 动物生病了怎么办

动物实际上跟人类的区别很小，无论是身体上，还是心理上，疾病范围十分广泛，当它们生病时也是备受折磨。动物和人一样有感情，一样会孤独，也一样会得病。只是它们不能说话，所以不容易被我们察觉而已。

动物为什么会生病

归结起来，导致疾病的因素有内因和外因两大类。主要有微生物因素、寄生虫因素、物理化学因素和动物自身因素四方面。

细菌、病毒、真菌及支原体等均属于微生物，往往会导致比较难以治愈的疾病甚至传染病。禽流感就是一种由病毒引起的传染能力极强的传染病。

（图片来自壹图网）

寄生虫是生长在另一种生物的体内或体表的动物。它们一般不会置宿主于死地，但会榨取宿主体内的营养，从而汲取它们所需要的营养物，并对宿主造成损害，影响宿主健康。比较有代表性的有蛔虫、线虫、血吸虫、弓形虫等。

另外，活动是动物

的天性。每天在各种复杂环境里跑来跳去，会因磕碰而造成损伤。或者因为争抢食物，引起了冲突，从而造成损伤。当然，如果误食了强酸、强碱等化学物质，或是因为饲养者或者主人的失误，致使汞、铅、砷等经口、呼吸道或皮肤进入动物体内引起的中毒，都会损害动物健康。

野生动物病了怎么办

动物的生命活动是一个矛盾的斗争过程。正常时，动物机体的"自卫队"不断抗争，使得它们的身体处于健康状态。但在一定的致病因素作用下，动物体内的"自卫队"被击败，打破了原来的平衡与和谐，便会打破原有的平衡，威胁到整体功能的正常运作，动物就生病了。

抵抗力强的动物，生病后可能自己复原；针对一些特殊的疾病，动物还会凭借经验在大自然中寻找药物对抗疾病；此外，有一些抵抗力差的，又没有对症药物的动物就会死亡。此外，老弱及病残的动物向来就是肉食性动物捕猎的目标，因此，只有自然界中那些健康状况良好的动物才能生存下来，而体质差的则将被淘汰，即生物学家所说的"自然选择"。

小资料

动物的自我救治二三例

动物生病后也会难受，很多时候它们会自力更生，想办法解决。
- 前苏联科学家偶然发现几只鹿吞食泥土。后来经过动物试验，证明这种泥土含有沸石，可以清除动物体内的有害物质，促进机体生长发育。

● 生活在热带雨林中的猴子发烧"打摆子"时，便会千方百计地寻找金鸡纳树，并啃食树皮。树皮中所含的奎宁成分，正是治疗疟疾的特效良药。

● 清除动物皮肤寄生虫最有效的东西是蚁酸。一只森林红蚁可以生产2毫克的蚁酸，在必要时它可以将蚁酸喷射20 cm远。许多鸟知道这种蚁酸的好处，于是它们用嘴捣毁蚁穴，并且张开翅膀，盖住蚁穴。蚂蚁在仓皇出逃时喷射出蚁酸，这样小鸟就巧妙地洗了一次免费"药浴"。

养殖动物病了怎么办

说到养殖动物，首先想到的就是营养丰富的饲料或杀菌后的泔水、清洁卫生的饮水，以及舒服宽敞的生长环境；并且还会在养殖场和圈舍进出口处应设立消毒池一类的消毒设施。

但是即使在这种条件下，也不可避免会出现一些突发疫病。在不确定是什么原因造成时，应首先将动物安置在位于生产区下风向的疾病隔离观察治疗区，随后要请专业的畜牧兽医技术人员进行诊治。动物生病，就像人生病要去医院不同的科室就诊一样，需要兽医进行全方位的检查，随后再根据病症对症治疗。

无论是化学药品、中成药还是生化类保健药品，无论是消毒类药还是抗生素类药，虽能防病治病对动物起保健作用，但均能在动物体内残留，直接影响动物产品质量，所以不能过度使用。

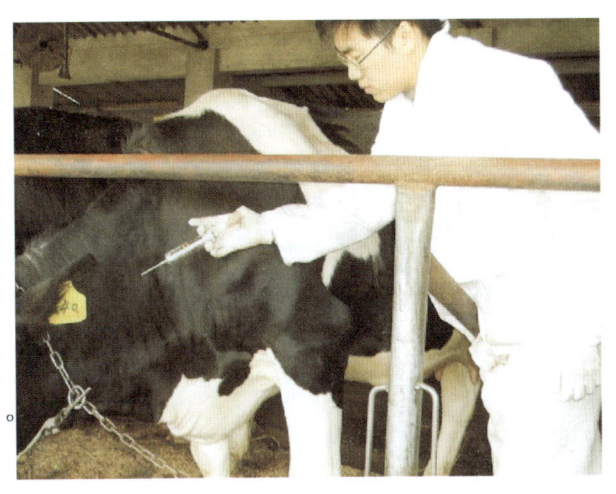

兽药能治什么病

按使用范围分，可以分为一般疾病防治药、传染病防治药、寄生虫病防治药和饲料添加剂。除了疫苗、血清、抗毒素和类毒素等一系列防治传染病的生物和生化免疫制品，以及畜禽特殊寄生虫病药和促生长作用的专用兽药外，其余均与我们人类用的基本相同，只是剂量、剂型和规格有所区别。

防治疾病

兽药中，常用疾病防治药主要以抗生素为主。其中，60%的抗生素用于化学治疗；40%不仅能预防传染病，还可促进畜禽生长、提高饲料的利用率。防治传染病药物除抗生素外，基本上都是生化免疫制品，如菌苗、疫苗、血清、抗毒素和类毒素等。

在使用兽药之前，需要对动物的发病原因及发病过程有足

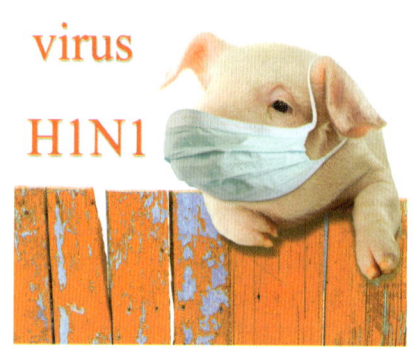

（图片来自壹图网）

够的认识，才能做出正确的诊断，才能用好药。有条件时，需要提前进行药敏试验，没有过敏反应的，就可以根据动物病情，选用可靠、安全、方便、廉价易得的药物制剂。做到不乱用或滥用药物，根据药物的作用和对动物的药动学特点制定给药方案与剂量、详细的用药计划，观察将会出现的药效和毒副作用，随时调整用药方案。除有协同作用的联合用药外，尽量避免使用多种药物或固定剂量的联合用药。应根据动物病情需要去调整药物与剂量。

防治寄生虫病

寄生虫病给养殖业造成无法估量的损失，不仅可引起畜禽死亡，还严重影响动物生长，造成肉、蛋、奶、毛、革等畜禽产品质量下降，数量减少，造成养殖业效益下降，甚至亏损，是养殖业的隐形杀手。一些人畜共患的寄生虫病还直接威胁人类健康与生命安全。

畜禽的寄生虫病多属于混合感染，因此寄生虫病防治药主要是广谱、高效、安全的药物。根据不同动物及其感染寄生虫病的种类选择适合的剂型和投药途径。用药前还要注意动物的年龄、性别、体质、病情及饲养管理方式等，了解动物用药史。在制订驱虫计划时，做到定期更换或交替使用不同类型的

防治寄生虫药，以减少耐药虫株的出现，以确保疗效。用药剂量严格按说明书要求操作，严禁超剂量用药。驱虫后

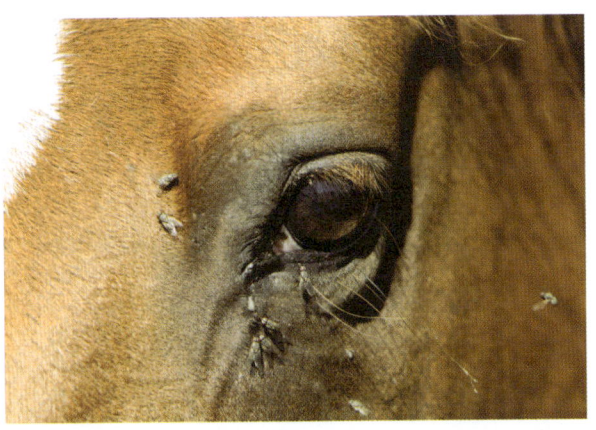

（图片来自壹图网）

要集中处理好动物的排泄物，防止病原扩散。

饲料添加剂

饲料添加剂是指为预防动物疾病和促进动物生长、提高饲料转化率的需要，将兽药与适当的载体混合制成的剂型。根据农业部发布的《饲料药物添加剂使用规范》，有32种预混剂产品可以作为饲料药物添加剂，24种预混剂产品不可以作为饲料药物添加剂。

动物病了只能打针吗

兽医给动物打针，主要是因为它见效快、用法方便。兽医常用注射剂给动物治病，但规格比人用大数倍。其实，兽药的剂型有很多，除了液态剂型外，还有半固体剂型、固体剂型和气雾剂。其中液态药剂是指打针需要的注射剂，外伤所用的擦剂，以及煎服的中药等。半固体药剂包括擦拭用的软膏和供动物舔食的药糊一类黏稠的药物。固体药剂

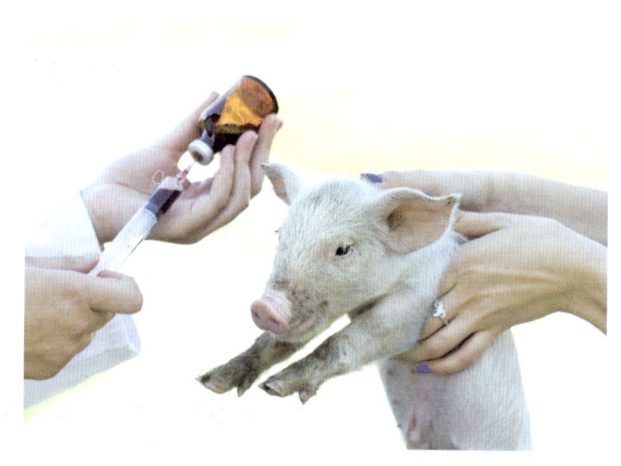

(图片来自壹图网)

则泛指动物吃的胶囊、药片、药丸和药粉。气雾剂是指应对黏膜疾病的吸入型喷剂,以及空间消毒需要的气雾型药品。

● **动物吃药需要处方吗**

动物养殖中,大家都会认为像助消化的饲料添加剂等对动物危害不大的药物,甚至是一些常见病的专治药物,就可以依靠养殖户自己的经验和动物在用药后的反应调节用量。这种想法导致我们国家的养殖业,出现一个县、一个市范围内使用同一个程序免疫的现象。

由于各个饲养企业或农户的具体情况千差万别,能力、条件各有不同,各自饲养的畜禽品种、方式和规模、管理水平、染疫情况、当地同类动物疫病发生和流行态势、既往病史等具体情况也都不尽相同,如果依旧沿用几十年前的老方法,可能就会出现"走弯路"或是"大炮打蚊子"的情况。

此外，兽药也有一定毒性，有一部分兽药如抗生素或生化药剂等高纯度、高疗效，可能会影响动物身体或者容易产生抗药性。这样的药物，就需要有兽医的处方，不能随意使用。

从这个角度讲，实行动物防疫"处方化"，是对计划经济条件下形成的简单化"大一统"免疫方法的修正、补充和完善。由专门的兽医为牲畜制定符合各自实际的、有针对性的免疫程序和方案，能以最小的投入达到最大成效。

（图片来自壹图网）

这个世界不能不用兽药

合理的使用兽药和人们日常防治疾病吃药是一样的。首先，这些药物可以调节动物的生理、生化功能。动物的身体是一个统一的整体，如某一器官的功能过分增强或减弱，就可引起其他器官功能失调，就需要用药物加以调节，使其功能恢复正常。

其次，由于动物的生活环境和生活习性，微生物和寄生虫很容易损害到它们的身体，有一些药物会对这些能引起疾病的微生物和寄生虫的繁殖和生长起到遏制作用。

（图片来自壹图网）

此外，动物细胞内进行的种种复杂的化学变化，包括组织成分的合成与分解、能量的释放与利用等都需要酶的参与。当酶的活性受到抑制或促进时就可明显地影响动物的生理功能。药物可以通过对酶活性的影响而发挥治疗作用。

还有，现代的西药可以有针对性地为动物补充它所缺乏的元素，从而达到防治疾病的作用。

兽药是敌是友

兽药可以防治疾病，但是目前动物性食物中严重的兽药残留已经影响到我国动物性食品的质量安全，进而危害人体健康。那么，如何对待这个"亦敌亦友"的伙伴呢？

一方面，需要国家尽快完善和健全兽药残留的监管体系，加强残留标准和检测方法的研究，并不断完善监控体系。

另一方面，作为兽医和动物养殖人员必须做到合理使用兽药，避免因滥用抗生素、激素等药物而导致耐药性。在有明确指征下选用适宜的抗菌药物，并采用适当的给药途径、剂量和疗程，最大限度地发挥兽药的预防和治疗作用，以达到杀灭病原体和控制感染的目的；同时应减少和防止各种不良反应的发生。

只有这样才能把兽药变成我们真正的朋友,保障动物的健康,并保证人类的安全。

说说 兽药的影响

兽药对环境的影响

动物用药以后,药物以原形或代谢物的形式随粪、尿等排泄物排出,残留于环境中。随着世界各国环保意识的增强,人们越来越关注兽药在环境中的蓄积、转移、转化和对各种生物及人类健康的影响,并在国际上形成了一个新的研究热点。

绝大多数兽药排入环境以后仍然具有活性,会对土壤微生物、水生生物及昆虫等造成影响。据报道,在用动物排泄物施肥的土地表层 4 cm,检测到了土霉素和氯四环素的残留。有的科研人员研究了不同植物提取物中的药物残留对微生物的影响,发现番石榴叶、大蒜尖、小麦秸秆、甘蔗叶等 12 种植物中的药物残留,均有抗微生物效应。此外,使用饲料添加的抗菌药物对土壤和水中的 36 种典型微生物进行测试,发现其中 29 种微生物对这些畜禽常用抗菌药都有耐药性。

大自然能消除兽药对环境的影响吗

环境对药物是有稀释作用的。那是不是抗菌药残留对环境

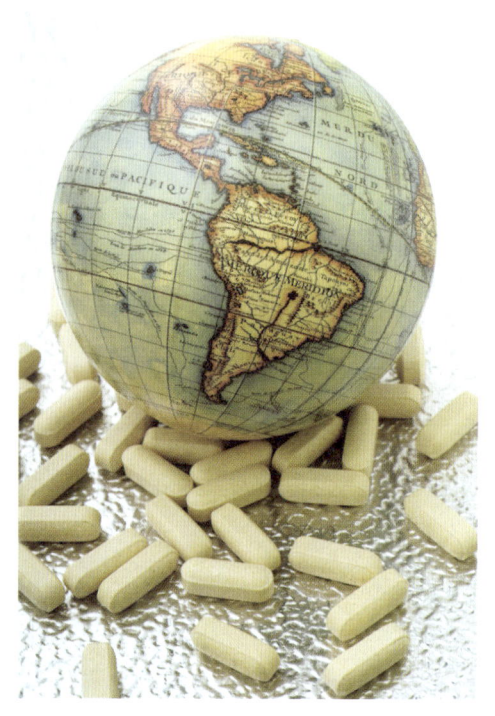
（图片来自壹图网）

微生物生态的影响很小呢？其实不然，低剂量的抗菌药长期排入环境中，会造成敏感菌耐药性的增加。耐药基因不但可以储存于水环境中，而且可以通过水环境扩展和演化。

此外，进入环境中的兽药残留，在多种环境因子的作用下，可产生转移、转化或在动植物中富积。有研究表明，生活废水灌溉植物之后，药物随废水通过这些植物后，其浓度下降了12%～90%，残留的药物继续进入河流，对河流造成污染。科学家还通过模型生态系统的研究，发现有些激素和抗生素，如己烯雌酚和氯羟吡啶，在环境中降解很慢，像己烯雌酚甚至还可以观察到生物富积现象。

可见，大自然对于这些人造兽药的抵抗还是十分微弱的。"解铃还须系铃人"，要想从根本上减少兽药对环境的影响，还应靠我们人类自己。

兽药对人类的影响

滥用抗生素类药物有什么后果

有一句话叫"是药三分毒"。一般情况下,只要牲畜病了,兽医动不动就上抗生素。饲养者会利用抗生素作为预防动物病症的"万能药剂"。这就会引起很多麻烦,一些抗生素不仅会引起牲畜腹泻,还会导致各类血细胞减少、动物肾脏损害或是不可逆的再生障碍性贫血,严重的会造成过敏性休克。

如果人类长期食用兽药残留超标的食品,当体内蓄积的药物浓度达到一定量时会对人体产生多种急慢性中毒。经常食用低剂量药物残留的食品可使细菌产生耐药性。动物在经常反复接触某一种抗菌药物后,其体内的敏感菌株将受到选择性的抑制,从而使耐药菌株大量繁殖。经常食用含药物残留的动物性食品,动物体内的耐药菌株可通过动物性食品传播给人体。

为什么会产生抗药性

细菌为什么会产生抗药性?这些细菌怎么又会让人体内的细菌产生抗药性?通俗地说,滥用抗生素,第一次用药可以把细菌杀死,第二次细菌可能只受一点损伤,以后再用药就基本不管用了,这就是细菌的耐药性。细菌有时仅仅通过细菌间的接触,就可以将耐药基因传递给对方,从而导致人体内细菌产生抗药性。以常见致病菌肺炎链球菌为例,其对青霉素耐药的菌种于青霉素临床使用 24 年后出现;其对红霉素耐药的菌种出现于红霉素发现后的 15 年；而对相对较为年轻的氟喹诺酮类抗生素，则是在环丙沙星批准用于临床后 4 年就出现了耐药菌种。

可见，纠正因抗生素类兽药乱用及滥用产生的不良反应已经刻不容缓。自第一种抗生素——青霉素研制成功以来，仅仅半个多世纪，已有诸如土霉素、螺旋霉素、合霉素等抗生素退出或将要退出药房的柜台，原因是这些药物疗效差或者毒性大。也有很大一批药物由于其产生耐药菌，疗效已大大下降。耐药现象的发生与乱用滥用抗生素密不可分。

什么是"超级细菌"

（图片来自壹图网）

当人们开始认识到滥用抗生素引起的危害时，"超级细菌"出现了。"超级细菌"其实并不是一种细菌的名称，而是一类细菌的总称，这一类细菌的共性是对几乎所有的抗生素都有强劲的耐药性。

这种"超级病菌"能在人身上造成脓疮和毒疮，甚至逐渐让人的肌肉坏死。更可怕的是，抗生素药物对它不起作用，病人会因为感染而引起可怕的炎症、高烧、痉挛、昏迷直到最后死亡。这种病菌的可怕之处并不在于它对人的杀伤力，而是它对普通杀菌药物——抗生素的抵抗能力，对这种病菌，人们几乎无药可用。

激素如何积蓄在动物体内

激素既能促进畜禽的生长，又能提高瘦肉率，所以被广泛地应用于动物养殖产业，甚至会被一些不法商贩利用，谋取利益。

激素等药物在动物体内的分布与残留，跟动物在饭前吃药还是饭后吃药，是随饭吃、随饮水摄入或注射，以及所用药物的种类有很大关系。一般在有解毒功能的肝脏、肾脏中浓度高。

在鸡蛋中，脂溶性药物容易在卵黄

中蓄积。进入动物体内的药物排出量随时间延长而增加，即动物体内药物的浓度逐渐降低，而且降低的程度随药的种类和动物的不同而异。比如，鸡药的半衰期多在 12 h 以下，多数鸡用药物的休药期为 7 天。休药期是畜禽产品允许上市前或允许食用时的停药时间。如果休药时间不够的动物食品流入市场就会造成安全隐患。

激素如何进入人体

被广泛使用的激素，其少量由动物身体组织摄取、代谢灭活后排出体外，有很大一部分仍然残留在动物体内。而且，激素的残留通过食物链富集到高营养级生物体内，从而对于以高营养级生物为食物的人类构成很大的健康威胁，其在体内聚集将严重干扰人类各项生理功能。

食品中的激素，动物源性食品违禁药物的残留，严重威胁人们的身体健康，成为困扰世界范围内食品卫生的重大难题。

● 哪些兽药是禁用的

中国目前全面禁止和限制使用的兽药

根据农业部第 193 号公告，全面禁止使用克仑特罗、沙丁胺醇、西马特罗、己烯雌酚、玉米赤霉醇、去甲雄三烯醇酮、醋酸甲孕酮、氯霉素、琥珀氯霉素、氨苯砜、呋喃唑酮、呋喃它酮、呋喃苯烯酸钠、硝基酚钠、硝呋烯腙、安眠酮。

禁止在所有食品动物上使用林丹（六六六）、毒杀芬（氯化烯）、呋喃丹（克百威）、杀虫脒（克死螨）、双甲脒、酒石酸锑钾、锥虫肿胺、孔雀石绿、五氯酚酸钠、氯化亚汞（甘汞）、硝酸亚汞、醋酸汞、吡啶基醋酸汞、甲基睾丸酮、丙酸睾酮、苯丙酸诺龙、苯甲酸雌二醇、氯丙嗪、地西泮（安定）、甲硝唑、地美硝唑。

欧盟禁用的兽药

阿伏霉素、洛硝达唑、卡巴多、喹乙醇、阿普西特、二硝托胺、异丙硝唑、氯羟吡啶、氯羟吡啶/苄氧喹甲酯、氨丙啉、氨丙啉/乙氧酰胺苯甲酯、地美硝唑、尼卡巴嗪、己烯雌酚、甲巯咪唑、普萘洛尔、雌激素、雄激素、孕激素、玉米赤霉醇、克仑特罗、沙丁胺醇、喜马特罗、马兜铃属植物、氯霉素、氯仿、氯丙嗪、秋水仙碱、氨苯砜、甲硝咪唑、硝基呋喃类。

其中，杆菌肽锌、螺旋霉素、维吉尼亚霉素和磷酸泰乐菌素禁止作饲料添加药物使用。

美国禁用的兽药（14种）

氯霉素、克仑特罗、己烯雌酚、地美硝唑、异丙硝唑、其他硝基咪唑、呋喃唑酮（外用除外）、呋喃西林（外用除外）、氟喹诺酮、万古霉素、阿伏霉素。

其中特别要求泌乳牛禁用磺胺二甲氧嘧啶、磺胺溴甲嘧啶和磺胺乙氧嗪。

日本对动物性食品重点监控的兽药（11种）

氯羟吡啶、磺胺喹恶啉、氯霉素、磺胺甲基嘧啶、磺胺二甲嘧啶、磺胺-6-甲氧嘧啶、恶喹酸、乙胺嘧啶、尼卡巴嗪、双呋喃唑酮、阿伏霉素。

说说 兽药残留

● 什么是兽药残留

兽药残留是指动物在应用兽药后，蓄积或储存在细胞、组织或器官内或进入泌乳动物的乳或产蛋禽的蛋中的药物原形、代谢物或药物杂质。兽药残留的种类很多，主要都源自常见的兽药，有抗生素类药物、抗寄生虫类药物和激素类药物。

● 为什么会出现兽药残留

合理使用兽药不会造成兽药残留。媒体上频频爆料的兽药残留的原因主要有以下几个方面：

首先，对动物进行治疗和预防的药物注射时，没有正确地遵守休药期或弃乳期。不遵守休药期规定，造成药物在动物体内大量蓄积，产品中的残留药物超标，或出现不应有的残留药物，会对人体造成潜在的危害。

其次，一些不法的养殖户和商家滥用兽药或使用劣质兽药；用药错误或者使用未经批准的药物治疗；以及在屠宰前，为逃避检查，用药掩饰临床症状。

此外是畜禽产品加工中的兽药污染。目前，部分动物性产品加工经营者在加工储存过程中，为使动物性食品鲜亮好看，非法过量使用碱粉、芒硝、漂白粉或香精、色素等；有的为延长产品保质期，添加抗生素来抑制微生物的繁殖，达到灭菌目的。

（图片来自壹图网）

小知识

什么是休药期？

休药期也叫消除期，是指动物从停止给药到许可屠宰或它们的乳、蛋等产品许可上市的间隔时间。休药期是依据药物在动物体内的消除规律确定的，就是按最大剂量、最长用药周期给药，停药后在不同的时间点屠宰，采集各个组织进行残留量的检测，直至暂时残留在动物体内的药物被分解至完全消失或对人体无害的浓度为止。

由于休药期随动物种属、药物种类、制剂形式、用药剂量、给药途径及组织中的分布情况等不同，休药期的长短在各种动物间也有所不同。

● 哪种食物的兽药残留风险更大

动物肝脏是动物体内重要的解毒和代谢器官，进入体内的有毒有害物质，如重金属、兽药、农药等都是在肝脏中经过代谢、转化、解毒而排出体外的。当肝脏功能下降或有毒有害物质摄入较多时，肝脏就会蓄积这些有害物质。

有调查发现，市售动物制品中，猪肝中兽药残留较高。所以，在食用时应经过充分的加热或预先烫漂出去，尽可能降解兽药。

● 含有兽药残留的动物性食品能吃吗

说了这么多，大家似乎会"谈兽药色变"了，其实大可不必如此。只要养殖及用药符合国家相关规定的食品，动物性食品的兽药残留很少，对人体是安全的。

● 国外如何控制兽药残留

1993年国际食品法典委员会制定了国际兽药使用管理规范。规范共22条，对兽药的处方、申请、分销和使用都做出了明确的规定。

兽药残留限量是基于残留的种类和限量对人类健康无

毒性危害，同时考虑其他相关的公共健康风险和食品技术方面的问题所制定的。国际兽药使用管理规范规定，兽药的使用应该遵守官方批准的产品标签信息，或根据处方和职业兽医师的指导用药。国际兽药使用管理规范适用于所有国家的成员，该规范已经在发达国家实施，为维护公众的健康做出贡献。

《欧盟兽医药品法典》中规定，兽药的使用记录应保留至少3年，记录内容主要包括使用日期、兽药名称、数量、药品供应商的名称和地址等。牧场主必须在明确药品特征的条件下，根据病情和兽医指导合理用药，并且严格遵守休药期。兽医师的兽药使用记录必须遵守兽医临床管理规范。

目前，欧盟已制定了118种兽药最高残留限量标准。同时，欧盟还设立了兽药残留检测机构，有欧盟基准实验室、国家基准实验室和常规检测实验室，它们分别承担不同的检测工作和任务，确保欧盟得到高水平的人身健康和消费者权益的保护。

同样，美国也发布了禁用药物清单，制订了兽药最高残留限量和休药期，实行兽药残留风险分析，制定并执行国家年度残留检测计划，建立了残留危害信息系统，应用全球食品动物避免残留数据库。

● **我国如何控制兽药残留**

我国法律法规明确，用于食品动物治疗和预防的药物进行动物注射，必须正确地遵守休药期或弃乳期。遵守休药期的规定，就可以免除兽药残留，或是将兽药在食品中的含量降到对人体无害的浓度。

此外，我国的兽医行政管理部门负责发布兽药残留限量标准和残留检测立法，制定并组织实施国家动物及动物产品兽药残留监控计划。1999年年底农业部就成立了全国兽药残留专家委员会，作为技术审议咨询组织。

从2004年开始，农业部于每年5月中旬和11月中旬两次向社会公布监测结果，接受消费者监督。在进行动物性食品中兽药残留监控检测的同时，不断完善检测的标准体系，为监控检测体系提供保障和依据。经过几年的监控体系的建设，进一步补充和完善了法规制度，依法监管力度加大。近年来，加大了与农产品质量安全密切相关的农药、兽药、饲料和饲料添加剂等管理法规的修订力度，发布了《无公害农产品管理办法》。相继对29种兽药、39种渔药做出了禁止使用规定，对8种兽药和5种渔药做出了限制使用规定。国家在2006年11月实施《农产品质量安全法》，这些法律法规为我们监控检测工作提供了一定的法律保障。

虽然我国的兽药残留检测起步较晚，有些方面需要进一步完善，但目前我们已经加快国家、部、省三级兽药残留监控机构的建立，实施兽药残留监控计划，加大监控力度，

定期发布兽药残留状况报告，努力使兽药残留超标的产品无销路、无市场，迫使广大养殖场户遵守休药期的规定，科学合理使用兽药，控制兽药残留。

说说 未来兽药的发展

随着人们生活水平的日益提高，畜禽产品的质量越来越受到消费者的普遍关注。

西兽药

西兽药是指用于诊断动物是否得病，或是能起到预防、治疗作用的化学合成药物。西兽药的作用大致也可以分成两个方面：一方面是改善自身条件，另一方面是抵抗外来细菌和寄生虫。

如今，各种磺胺类药物、呋喃类药物、抗菌增效剂、维生素类和激素类药物等，以其药效稳、准、快地完成抗菌、消炎和调节某些生理机能等作用，受到大家的青睐。随着广谱抗生素的广泛使用，虽然治疗病症更为轻松，但抗药性的出现确实让人头疼。

所以今后西兽药的发展，首先，应更多集中于高效窄谱性抗生素的生产，以减少耐药性的产生。因为相较广谱抗生素，窄谱性抗生素更难引起微生物耐药，窄谱性抗生素对非目标细菌有较小的影响，因此，窄谱性抗生素可以减少共生细菌的耐

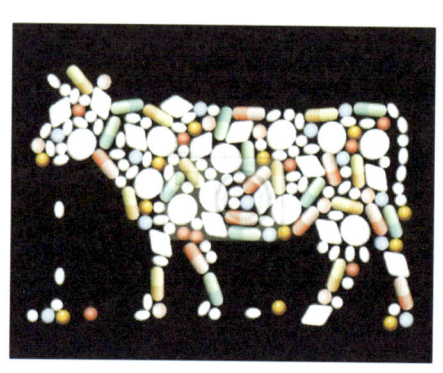

（图片来自壹图网）

药概率。

其次，要重点开发抗寄生虫药。一方面，国外食品动物以牛为主，而牛是最易感染寄生虫病的牲畜之一。饲草、饲料、饮水等地方的寄生虫经口可以进入动物体内；某些寄生虫的感染性幼虫也可主动钻入奶牛皮肤而感染奶牛；甚至，感染奶牛与健康奶牛通过直接接触，或感染阶段虫体污染的环境、笼具及其他用具与健康奶牛接触引起感染，所以寄生虫对牛肉及牛奶产业的影响是相当大的。另一方面，随着宠物药市场近年的扩大，已经渐渐占据兽用保健药品市场 1/3 以上份额，而这两类动物都是以防治寄生虫病为主要目标。

中兽药

与西兽药相比，中兽药药效慢，但副作用少，不会形成对人们身体有害的药物残留。

目前，国内中兽药制剂的生产大部分仍处于初级阶段，科技含量不高，剂型粗糙，质量难以控制。近年来，为加快中兽药现代化进程，提高中兽药制药行业的整体水平，摆脱过去作坊式的生产方式，改变"粗、大、黑"的面貌，确保中兽药制剂质量与疗效的稳定，开展中兽药制药新工艺、新技术的研究，用现代高新技术对传统中药进行二次开发。

同时，我们还应注意到，中兽药侧重于整体，西兽药侧重于局部，各有利弊。随着时代的发展，进入21世纪以来，中西兽药结合将会越来越广泛，越来越科学，其优越性也会更加凸显出来。在实践中，中西兽药结合的形式是多方面的，包括中西药联用、中药西制、中药西化、西药中用等。

（图片来自壹图网）

话题三

微生物

说说 什么是微生物

我们的生活环境中存在许多肉眼看不见的微小生物,它们虽然个体微小,但却与人类的生产生活息息相关,发挥着其他生物不可替代的作用。一方面,我们吃的馒头、面包、泡菜、酸奶、酱油、醋等都是经过微生物发酵制作而成,微生物在改善土壤肥力、促进作物生长、防止病虫害等方面也发挥着巨大作用。另一方面,微生物会使农产品腐败变质,甚至以农产品为媒介引起人类食物中毒

(图片来自壹图网)

或疾病传播，损害人类健康。对有害微生物的防治一直是农产品安全工作的重点。农产品种类繁多，从农场到餐桌涉及种植、收获、加工、包装、运输、销售、保存、食用等各个环节，存在各种各样的污染因素，任何一个环节都可能影响农产品的质量安全。目前世界各国已经将农产品质量和食品安全列为涉及公共卫生安全的重大问题。

● **农产品中的微生物从哪里来**

在日常生活中你是否注意到这样的现象：水果蔬菜在长期放置后，表面会长出深色斑点或变烂了，肉放久了会变黏，粮食受潮了会有一股霉味，牛奶、饮料有时会涨包……这些现象都是微生物在作怪。那么这些微生物究竟是从哪里来的呢？概括起来，微生物污染农产品的主要途径有通过土壤污染、通过水污染、通过空气污染、通过人和动物污染。

土壤

（图片来自壹图网）

土壤是作物的家，也是作物赖以生存的条件之一。土壤中含有大量的微生物，它们一部分是世世代代就生活在土壤中的,还有一部分是随动物的粪便或尸体被带入其中的。土壤的环境非常适宜于微生物的生长和繁殖,土壤中的微生物以细菌居多。土壤是农产品微生物污染的重要来源。一些农产品如水果、蔬菜等在种植、收获等过程中,农田土壤中的微生物会附着在它们的表面,在运输加工的过程中会污染其接触到的用具、机器等。如果清洗、消毒不彻底,微生物就会安家落户,对农产品质量造成影响。

水

水是生命之源,生物的生存、繁衍都离不开水。在农业生产中,水更是农业的命脉。农田灌溉、牲畜饮用需要水。农产品收获后,在运输、加工等过程中需要用水对设备、容器、厂区地面进行清洁以保证良好的卫生环境。水质的好坏会直接影响到农产品的质量安全。水不仅是我们人类赖以生存的资源,也是微生物生长的理想环境,芽孢杆菌、大肠杆菌、粪肠球菌、变形杆菌、病毒等都可以在水中检出。如果水中有病原菌存在,不仅会对农产品的质量安全造

(图片来自壹图网)

成影响,严重时可以导致食物中毒。

空气

空气中营养物质匮乏,不利于微生物的生长,空气中的微生物主要来自于土壤、人和动物。空气中尘埃的多少与微生物数量密切相关,空气中的微生物可以附着在尘埃上,尘埃越多的空气,微生物数量也越多,微生物可借助空气的流动传播到很远的地方。空气中的微生物会直接或间接地影响农产品的质量安全。一般来说,农产品暴露于空气中的时间越长,变坏的可能性越大。

人和动物

人和动物体表、黏膜、呼吸道、肠道中都有微生物的存在,如果从事农产品、食品等加工的从业人员患有某些疾病,很容易将致病的微生物带入农产品和食品中。

畜禽的粪便中存在大量的微生物,在屠宰过程中,如果处理不当,会污染胴体,影响肉的品质。

此外,有些动物患有传染病,如炭疽病、布病、口蹄疫等,这些导致疾病的微生物会附着于动物的皮毛之上,也会影响到农产品的质量安全。

苍蝇、鼠类等的体表和消化道中存在微生物,会通过其活动将病原带入到农产品中,导致农产品污染。

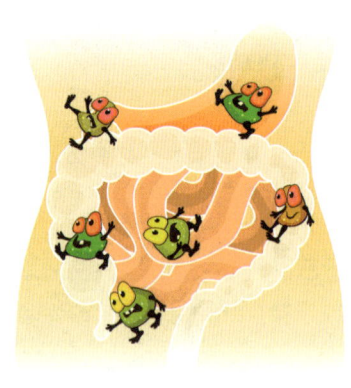

(图片来自壹图网)

农产品中常见的细菌有哪些

农产品营养物质丰富，极易被微生物污染，少量的污染就会带来巨大的灾难。农产品中常见的细菌和病毒有大肠杆菌、葡萄球菌、沙门菌、李斯特菌、蜡样芽孢杆菌、肉毒杆菌、阪崎克罗诺杆菌、布氏杆菌、结核分枝杆菌、副溶血性弧菌、口蹄疫病毒、朊病毒、禽流感病毒等。

大肠杆菌

大肠埃希氏菌（E. coli）通常称为大肠杆菌，是 Escherich 在 1885 年发现的，在相当长的一段时间内，一直被当作正常肠道菌群的组成部分，认为是非致病菌。直到 20 世纪 80 年代，人们才认识到一些特殊型别的大肠杆菌对人和动物具有致病性，尤其对婴儿和幼畜（禽），常引起严重腹泻或败血症。牛肉制品和乳制品容易受到该菌的污染。

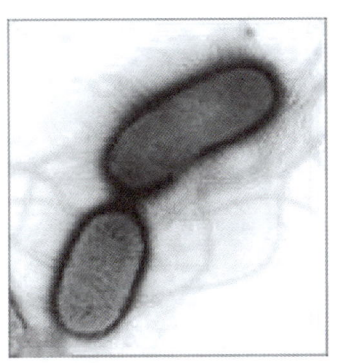

电镜下的大肠杆菌

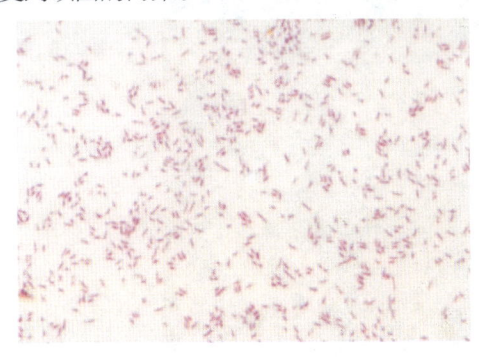

大肠杆菌革兰氏染色

小资料

2011年5月,德国发生一起由大肠杆菌感染的疫情,截至5月26日,有276人报告感染,其中2人死亡。随后,瑞典、丹麦、荷兰和英国等也有病例报道。经调查发现,此次疫情的元凶是一种血清型为O104∶H4的大肠杆菌,病人食用了被该菌污染的黄瓜导致发病。

葡萄球菌

典型的葡萄球菌为圆形或卵圆形,因成葡萄串状排列而得名。

葡萄球菌(Staphylococcus)是最常见的化脓性球菌,是医院交叉感染的重要来源。葡萄球菌病主要是由金黄色葡萄球菌引起。

葡萄球菌广泛分布于自然界,健康人的皮肤和鼻咽部、化脓性病灶处都有该菌存在。葡萄球菌能够产生肠毒素。肠毒素耐热,一般的烹调方法很难破坏,100℃加热2 h方可破坏。随食物摄入该菌的肠毒素会导致食物中毒,表现为腹泻、呕吐。

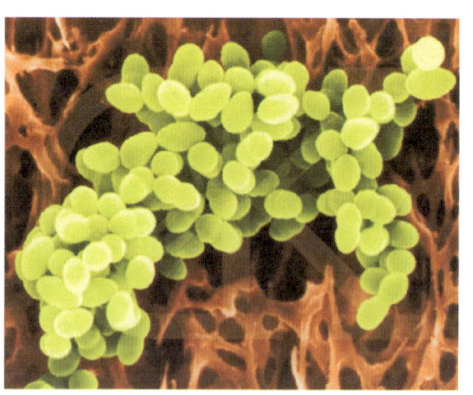

沙门菌

沙门菌(Salmonella)是一大群形态、生化形状及抗原构造相似的革兰氏阴性杆菌,沙门菌属有 2 000 多个血清型。多数对动物致病；少数对人类致病，如伤寒沙门菌、甲型副伤寒沙门菌；有些对人和动物均致病，如猪霍乱沙门菌。

沙门菌在自然界中广泛存在，存活力较强。在水中可以存活 2～3 周，在咸肉或腌肉中可生存两月之久。该菌在适宜的基质上可迅速生长繁殖，2～3 h 即可达到引发食物中毒的菌量。

一般情况下，畜禽类的肠道内都带有沙门菌，宰杀后可通过各种途径污染肉制品。带菌的产乳动物所产的奶中也含有大量的沙门菌，或受到带菌挤奶员和带菌容器的污染。蛋类可在卵巢和产蛋过程中被污染。带有沙门菌的食品，在较高温度储存时，细菌可在食品上大量繁殖，烹调加热不彻底或食用前未加热，即可造成中毒。

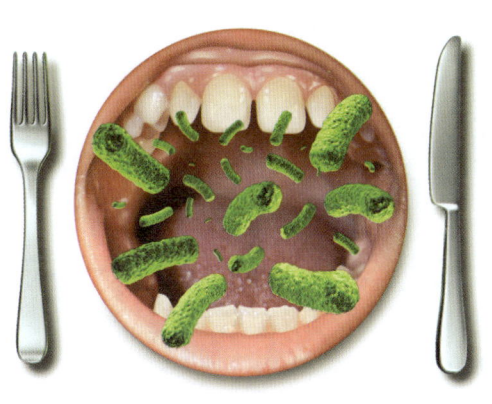

（图片来自壹图网）

小资料

在医学史上,有一个很著名的关于伤寒玛丽的故事,讲的是一个健康带菌者导致伤寒病的故事。健康带菌者身上有病原菌存在,自己却不发病,和健康人一样,但是他们会将携带的病原菌传染给别人。这个故事告诉我们,从事农产品、食品加工的人员如果是健康带菌者,就如同携带"暗箭"伤人。从预防的角度来看,他们比病人更危险。

李斯特菌

冰箱给我们的日常生活带来了极大的方便,有的细菌在冰箱中也能够生长繁殖。冰箱中保存的食物如果没有经过加热处理直接食用,可能会出现感染症状,导致"冰箱病"、"雪糕病"的发生。李斯特菌(Listeria)主要包括7个不同的种,其中只有单核细胞增生李斯特菌(L.monocytogenes)能引起人类疾病。

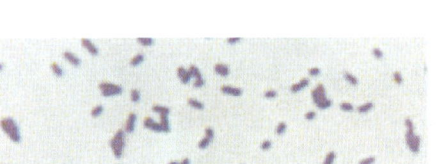

李斯特菌在自然界广泛存在,在土壤、污水、沸水、青储饲料中均有该菌存在。动物很容易食入该菌,并通过粪—口途径进行传播。能在冰箱冷藏室内较长时间生长繁殖。约有85%~90%的病例是由被污染的食品引起的。

乳及乳制品、肉类制品、水产品、蔬菜及水果、沙拉、冰淇淋等容易受到该菌的污染。

蜡样芽孢杆菌

蜡样芽孢杆菌（Bacillus Cereus）又称仙人掌杆菌，1950年在挪威首次被报道，能够引起食物中毒。肉制品、奶制品、米饭、果蔬等，以及熟食在20℃长时间放置，蜡样芽孢杆菌容易繁殖并产生毒素。中毒后可导致急性胃肠炎症状和腹泻型胃肠炎症状。

肉毒杆菌

肉毒杆菌（Clostridium Botuli-num）是一种生长在缺氧环境下的细菌，在罐头食品及密封腌渍食物中具有极强的生存能力，是目前毒性最强的毒素之一。肉毒杆菌是一种致命病菌，在繁殖过程中分泌毒素。这种毒素常被用于生化武器。人们食入和吸收这种毒素后，神经系统将遭到破坏，出现头晕、呼吸困难和肌肉乏力等症状。水果罐头、腊肠、火腿、鱼制品及蔬菜，家庭自制的豆类发酵食品如臭豆腐、豆豉、豆酱、红腐乳及乳制品，以及动物性食品易受到该菌污染。

（图片来自壹图网）

小资料

2013年8月，新西兰恒天然公司发布消息，称该公司一个工厂生产的乳清蛋白粉检出肉毒杆菌，这些乳清蛋白粉作为原料生产婴幼儿配方奶粉、饮料等，并有部分出口至海外市场。为保障中国消费者的安全，国家质检总局对此事高度重视，并采取相应措施加强对新西兰进口乳品的检验监管。随后新西兰初级产业部宣称，恒天然乳粉污染事件是"虚惊一场"，乳粉中污染的并非致命的肉毒杆菌而是一般不会引发食品安全问题的梭状芽孢杆菌。

阪崎克罗诺杆菌

阪崎克罗诺杆菌（C.sakazakii）曾经被称为产黄色素的阴沟肠杆菌、阪崎肠杆菌，是近年来在乳粉中新发现的一种致病菌。该菌在环境中广泛存在，能引起严重的新生儿脑膜炎、菌血症等，死亡率高达30%。易感染新生儿、早产儿、体重偏低的婴儿及免疫力低下的人群。

乳粉在制备加工过程中容易受到该菌污染。食品生产条件卫生不合格，环境中的阪崎克罗诺杆菌也会污染食品制品。

布氏杆菌

布氏杆菌（Brucella）是一类革兰氏阴性的短小杆菌，分为羊、牛、猪、鼠、绵羊、犬布氏杆菌6个种，20个生物型，广泛分布于世界各地。病畜及带菌动物是主要的传染源，其中牛、羊、猪等动物最易感染，引起母畜传染性流产。人类通过接触病畜的皮毛、脏器、羊水、乳汁、尿液等被感染，感染后呈流感样症状，也可引起反复性发热、关节痛和疲倦等慢性疾病。

副溶血性弧菌

副溶血性弧菌（Vibrio parahemolyticus）又称嗜盐菌，是引起食物中毒重要的病原菌之一。可引起肠肿胀、充血和肠液潴留，引起腹泻，不同患者的临床表现轻重不一。

副溶血性弧菌引起的食物中毒是我国沿海地区最常见的一种食物中毒，多发生在夏秋季。近年来，随着海产品的运输，内陆城市感染病例也逐渐增多。该菌存活能力强，在抹布和砧板上能生存一月之久，海水中可存活47天。海产品最易被该菌污染，其次为盐渍食品，如咸菜、咸蛋、腌制的淡水鱼等。

（图片来自壹图网）

农产品中常见的病毒有哪些

口蹄疫病毒

口蹄疫是牛、羊、骆驼和猪等家养和野生偶蹄动物的一种急性、高度传染性疾病。20世纪在全球许多地区暴发、流行，造成巨大的经济损失。1997—2002年全球有40多个国家和地区流行口蹄疫，是最重要的全球性动物健康问题之一。

（图片来自壹图网）

口蹄疫病毒主要通过呼吸道传播，患病动物会出现发热、跛行和在皮肤黏膜上出现泡状斑疹等症状，几个病毒即可造成感染发病。被口蹄疫病毒感染后，可导致动物的生产性能下降，还会导致病畜心脏麻痹并迅速死亡。人感染后，会出现高热、头疼，指尖手掌出现水泡，也可诱发心肌炎。

主要是动物源性食品，特别是偶蹄类动物食品易被污染。

朊病毒

疯牛病的病原是朊病毒，它是一种典型的人兽共患传染病。

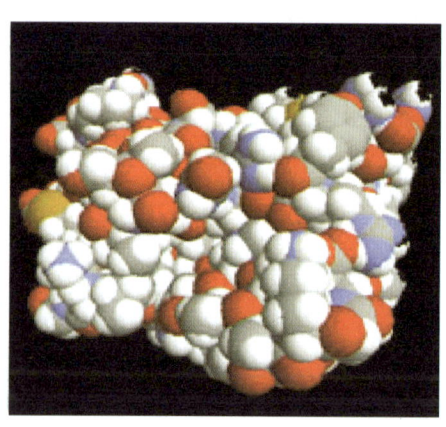

朊病毒是一种蛋白质病毒，只有蛋白质而没有核酸。人若食用了被污染的牛肉、牛脊髓等组织后，就有可能感染致命的新型克-雅氏病。

朊病毒病潜伏期较长，感染动物后可导致羊瘙痒症、马鹿和鹿的萎缩病、疯牛病等。

主要是动物源性食品,特别是牛肉、马鹿等食品易被污染。

食用被污染的肉类、脊髓等组织后,患者脑部会出现海绵状空洞,最初表现为焦躁不安,之后会导致记忆丧失,身体功能失调,最终精神错乱甚至死亡。

禽流感病毒

禽流感又称禽流行性感冒,是禽流感病毒引起的一类烈性传染病。几乎所有的野生及家养禽类都可感染,其中危害严重的是真性鸡瘟或称欧洲鸡瘟,能引起鸡、火鸡感染和大批死亡。

高致病性禽流感是由禽流感病毒变异产生的,新亚型H5、H7、H9(尤其是H5N1型高致病性禽流感病毒)毒株易引起急性接触传染病,对人与禽威胁力、杀伤力大。

禽类感染具有发病急、传播快、发病率和病死率高的特点,受到感染的鸡群常常"全军覆没"。主要是禽类农产品如禽肉、

蛋类等易被污染。

与病禽密切接触的人群极易感染。人感染后会出现发热、咳嗽，伴有头痛、肌肉酸痛和全身不适，也可以出现流涕、鼻塞、咽痛等。部分患者肺部病变较重或病情发展迅速时，出现胸闷和呼吸困难等症状，严重时甚至呼吸衰竭。

小知识

流感病毒分为甲、乙、丙三型，禽流感病毒属于甲型流感病毒。根据流感病毒血凝素蛋白（HA）的不同，甲型流感病毒可以分成16种亚型，根据病毒神经氨酸酶蛋白（NA）的不同可分为9种亚型。HA和NA不同亚型之间相互组合形成不同的流感病毒，H7N9只是其中的一种。禽类是流感病毒的自然宿主。H7N9和H5N1病毒属于高致病性禽流感病毒，不仅能够感染禽类，对禽类养殖造成巨大影响，也能造成人类的死亡。

● 农产品中的细菌和病毒危害有多大

农产品被细菌和病毒污染后，使得农产品的新鲜度、风味等品质下降，可导致农产品腐败变质无法食用。同时，病毒和细菌在生长繁殖过程中产生的一些物质在农产品内蓄积，也会影响到农产品的食用安全，造成食物中毒，严重时可引起人畜死亡。

● 为什么总有新的细菌和病毒被发现

微生物具有遗传变异的属性，能够把遗传特征传递给后代，由于微生物大多都是单细胞生物，它们只能适应环境而生存。与其他生物相比，细菌和病毒的世代周期非常短，通常每个世代以分钟或小时来计算，而且细菌和病毒的代谢非常旺盛。繁殖速度快和代谢旺盛的特点，使得细菌和病毒在短期内能够繁育出大量的后代。几乎所有的有机物都是细菌或病毒的食物，短期内能产生大量的后代，使得新细菌和病毒出现的概率增大。

人类的生产生活在不知不觉间改变着我们周围的环境，那些对我们生活有害的细菌和病毒，我们运用各种各样的手段对其进行控制与消灭，细菌和病毒为了生存也在进行着顽强的抵抗，能够活下来的，都是适应了这种环境的也就是发生了变异的细菌和病毒。随着科技的进步，精准检测方法的出现，也使得新的细菌和病毒很快就能被检测出来。

说说 微生物的利与弊

● 微生物都是有害的吗

微生物的种类繁多，远远超过了动物和植物种类的总和。它们无处不在，不仅分布于我们生活的环境中，在我们体内也有微生物的存在。很多人"谈菌色变"，说到微生物就有一种恐惧的心理，其实微生物并非都对人体有害。一些微生物在给我们造福，例如传统发酵工业就离不开微生物，新兴的医药产业也有微生物参与，环境保护中也有微生物的参与。但也有一些微生物却在不停地给我们找麻烦，致病菌和病毒就是其中的典型，肺结核、霍乱、鼠疫、流感等都是由致病微生物引起的。

如何处理和微生物的关系，关键取决于人类对它们了解多少，我们应当重视人类与微生物的关系，充分利用微生物造福人类。

> **小知识**
>
> 健康的人和动物体表、与外界相通的各种腔道（鼻腔、口腔、消化道等）中都存在着种类稳定、数量巨大的微生物种群，我们把这类微生物称为正常菌群。在通常情况下，这些微生物发挥着有益的作用，与生物体保持着平衡的状态。在某些因素的影响下，正常菌群的种类、数量、居住场所发生了改变，如果得不到有效控制，就会导致疾病的发生。

● 有无菌的农产品吗

真正的无菌农产品并不存在，而我们平时所说的无菌蔬菜、无菌蛋、无菌水果、无菌肉等，是指这些农产品达到了商业无菌的标准，并非完全无菌。商业无菌是指农产品、食品经过适度的杀菌后，不含有致病的微生物，也不含有在通常温度下能在其中繁殖的非致病性微生物。农产品经过无菌加工、无菌包装，最后采用辐照、热杀菌等灭菌技术过程，达到商业无菌标准。

● 什么叫微生物检测超标

对农产品中的微生物进行检测，可以有效地减少和防止食物中毒和人畜共患病的发生，保障我们的身体健康。微生物检测超标是指被检测的产品在单位面积或体积内能够检出的微生物菌数超过国家规定的允许存在的量。农产品生产加工的环境差，从事生产加工的人员不注意个人卫生，清洗消毒不彻底，都可能造成农产品中微生物检测超标。

小资料

2013年，我国颁布了食品中致病菌的限量标准GB 29921—2013，该标准将在2014年7月1日起正式实施。在这个标准中，中国食品行业长期执行的"致病菌不得检出"的规定得到了改变。金黄色葡萄球菌和副溶血性弧菌由原来的"不得检出"修改为"限量检出"。这是我国首次制定食品中致病菌的限量标准。

说说 如何控制农产品中的微生物

● 农产品应如何保藏

随着生活水平的提高，人们的需求也从吃饱逐步转变为吃好。新鲜的水果蔬菜为我们提供了丰富的维生素和膳食纤维。鲜活的农产品是如何保持新鲜的呢？

农产品收获后，需要运用各种物理、化学和生物学方法，让农产品在尽可能长的时间内保持良好的感官性状和营养价值。

微生物是引起农产品腐败、变质的主要因素，因此控制微生物的生长繁殖，对防止农产品腐败变质，防止食物中毒具有重要意义。下面我们就来说说农产品是如何保藏的。

低温能使微生物生长速度减慢或抑制微生物的生长，有些病毒和细菌在低温状态下不能够存活和产生毒素，利用低温可以使农产品在有效期内不发生腐败变质。

微生物的生长繁殖和代谢活动都需要水的参与，通过干燥，使农产品中的水分值降低至一定程度，农产品中的微生物由于没有可利用的水分而使其生长受到抑制，不能够繁殖，从而达到保藏的目的。

冷杀菌技术是指在杀菌过程中没有温度升高或升高很少，该技术既能保持农产品、食品中功能成分的生理活性，又可以保持其色香味和营养成分。常用的冷杀菌技术主要有辐射杀菌、

（图片来自壹图网）

微波杀菌、超声波杀菌、臭氧杀菌等。

气调装置通过控制储藏环境中氧气和二氧化碳的含量，并且结合低温环境，达到抑制某些微生物生长同时降低农产品自身的耗氧量，降低代谢速率，达到保藏农产品的目的。

防腐剂一般多是天然或合成的化学物质，加入到农产品、食品中，通过延迟微生物生长或化学变化引起的腐败达到保藏的目的。常用的防腐剂有亚硝酸盐、二氧化硫等。化学防腐剂使用时应严格执行其限量标准，某些化学防腐剂不利于人体健康，目前研发高效、经济、适用的天然防腐剂是农产品加工与储藏亟待解决的问题。

如何避免农产品被微生物污染

农产品产地环境对农产品质量安全具有直接、重要的影响，因此要保护好农产品生产的产地环境；依照规定合理使用化肥、农药、饲料添加剂等农业投入品；在农产品的生产过程中执行良好的农业示范；畜禽生产过程中污染物的排放要符合规范；在农产品收获、仓储过程中执行良好的作业规范。

农产品生产加工车间保持清洁卫生；生产设备消毒杀菌要彻底；坚持预防为主的原则，定期对农产品生产场所进行检疫，严格消毒；对生产的农产品质量进行定期检测。

储藏场所温度、湿度适宜，干净卫生，无虫害、鼠害。

农产品在出库入库前应严格检验，符合标准的才能出入库；生鲜产品应低温运输，防止包装材料破损，避免空气中的尘埃等物质落入造成污染，尽量采用箱式密闭运输。

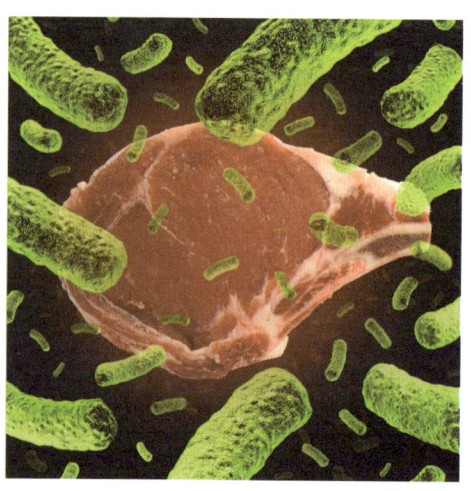
（图片来自壹图网）

出入库应及时，防止大量农产品积压；销售过程中尽可能减少直接用手接触农产品，最好使用工具；注意在销售过程中保持农产品包装的完整性，防止破损；防止虫害、鼠害。

农产品加工的从业人员要勤剪指甲，勤理发，勤洗澡，勤更换衣帽和口罩，便后洗手，保持良好的卫生习惯；从业人员定期进行健康检查和带菌检查。

● 污染了微生物的农产品还能吃吗

污染了微生物的农产品应终止销售或者集中销毁。如果污染情况不影响动物健康的，可以降级为饲料。对于污染情况严重的，则人和动物都不能食用，应按照相应的规定进行处理。发现中毒事件应及时上报。

话题四

生物毒素

说说 什么是生物毒素

● 什么是生物毒素

生物毒素又称天然毒素，包括动物、植物、微生物产生的对其他生物物种有毒害作用的各种化学物质。人类对生物毒素的最早体验源于自身的食物中毒，据统计，食用真菌、植物和鱼贝等引起的食物中毒的发生率远远高于化学中毒。生物毒素离我们人类并不遥远，蛇类及其他动物咬伤仍然是热带和亚热带地区常见的中毒现象。随着人类对海洋生物利用程度的增长，食用海鲜食品引起食物中毒的发生率有日益增加的趋势。黄曲霉毒素、杂色曲霉毒素等对谷类的污染，玉米、花生作物中的真菌霉素等都已经证明是地区性肝癌、胃癌、食道癌的主要诱导物质。

生物毒素对人类的危害除直接中毒外，还可以造成农业、畜牧业、水产业损失和环境危害，如棘豆、紫茎泽兰与楝属等有毒植物对我国西部畜牧业危害严重，屡屡发生的赤潮也常造成渔业重大经济损失。由于生物毒素的多样性和复杂性，许多毒素还没有被发现或被认识，因此生物毒素仍然是世界性的热点话题。

食品中为什么会有毒素

少数动植物在生长过程中，某些器官或部位会产生对人体有害的物质，它们可随着生长期而被破坏或逐渐蓄积，这类毒素称为天然内毒素。如杏、樱桃等的种仁、未成熟的蚕豆、发芽的马铃薯中含有的有毒成分。还有一类毒素是由附在食品上的微小生物，包括有害细菌、有害真菌等所产生的，被人类的食物源所吸收和蓄积并最终危害误食者健康的毒素，这类毒素称为天然外毒素。如发霉的谷物、过夜的饭菜、过期的牛奶等。已知结构的生物毒素可达数千余种，包括简单的小分子化合物、复杂结构的有机化合物、蛋白质大分子等几乎所有化学结构类型。依据来源可以把生物毒素分为动物毒素、植物毒素、真菌

（图片来自壹图网）

毒素和细菌毒素。

说说 动物毒素

动物毒素是由动物产生的能引起人和动物致病的天然毒性物质。食品中的动物性有毒成分，有些是其本身应该具有的，有些则是机体死亡发生变化而产生的，还有一些则是因食物链效应产生的。动物源性食品毒素可以分为畜产品中的毒素、鱼类毒素以及贝类毒素等。

● 畜产品中的毒素

内分泌腺毒素

猪、牛、羊等家畜肉是人类普遍食用的动物性食品。在正常情况下，它们的肌肉是无毒的，可安全食用。但其体内的某

些腺体，如甲状腺、肾上腺、病变淋巴腺等所分泌的激素，其性质和功能与人体内的腺体大致相同，如摄入过量就会引起中毒。因此，如果误食了内分泌腺去除不彻底的动物性食品，会破坏人体正常的新陈代谢，扰乱正常的内分泌活动，影响下丘脑功能，引起一系列的症状如头晕、胸闷、恶心、呕吐、便秘或腹泻等。

肝脏毒素

生活中会经常食用到牛、羊和兔等动物的肝脏。动物肝脏含有丰富的营养物质，如蛋白质、脂肪、糖类、维生素和矿物质。但肝脏是动物重要的代谢废物和外源毒素的处理工厂，动物体内的各种毒素，大多要经过肝脏来处理、排泄、转化、结合。其主要的毒素物质为胆酸、内胆酸、脱氧胆酸和牛磺胆酸构成的混合物，毒性依次为牛磺胆酸＞脱氧胆酸＞胆酸。摄入量小不会中毒，一旦摄入量过大，肝脏毒素会损伤人体的肝、肾等组织，在短期内导致肝、肾功能衰竭，还能损伤脑细胞和心肌。

（图片来自壹图网）

🔴 鱼类毒素

由陆生动物引起的食物中毒事件较少，大多数动物源性食物中毒均由鱼类引起。目前全球共有鱼类 2 万多种，大部分可食用，但有 700 余种鱼的体内某个部分含有毒素，不能食用。海洋鱼类毒素的存在已成为热带、亚热带地区摄取动物性蛋白食品来源的重大障碍，因误食中毒者各国皆屡见不鲜。每年 3 月至 5 月，我国因食用河豚发生中毒的死亡人数占同期食物中毒总死亡人数的 1/3 以上。因此，鱼类毒素是食品中很重要的不安全因素。常见的鱼类毒素包括组胺、雪卡鱼类毒素、鱼卵和鱼胆毒素、河豚毒素等。

组胺

海洋鱼类腐败变质后将产生一定数量的组胺，该物质为强生物活性物质，摄入后使机体发生中毒。在海产品中，鲭鱼亚目的鱼类（如青花鱼、金枪鱼、蓝鱼和飞鱼等）在捕获后易产生组胺，所以，海产品中毒常常与这些种群有关，称为鲭鱼中毒。其他鱼类如沙丁鱼、凤尾鱼、鲕鱼中毒也与组胺有关。

（图片来自壹图网）

组胺对人胃肠道和支气管的平滑肌有兴奋作用，从而导致人呼吸紧促、疼痛、恶心、呕吐和腹泻等。青花鱼、金枪鱼、沙丁鱼等鱼类放置 96 h 即可产生 1.6 ~ 3.2 mg/g 的组胺，而鲤鱼、鲫鱼和鳝鱼等淡水鱼类产生的组胺仅为 1.2 ~ 1.6 mg/kg，故淡水鱼类与组胺中毒关系不大。一般引起人体中毒的组胺摄入量为 1.5 mg/kg 体重，与个体对组胺的敏感程度有关。组胺为碱性物质，烹饪鱼类时加入食醋可降低其毒性。对易于形成组胺的鱼类来说，要在冷冻条件下运输和储藏，防止其腐败变质产生组胺。

雪卡鱼类毒素

雪卡鱼泛指热带和亚热带海域珊瑚礁周围的鱼类，有超过 400 多种鱼被认为是雪卡鱼，实际含毒的有数十种，其中包括几种经济上比较重要的海洋鱼类如梭鱼、黑鲈和真鲷等。雪卡鱼中毒的案例多产生在温暖的热带海洋地区，但随着国际贸易的发展，水产品在世界范围的流通，雪卡鱼中毒的案例也开始传播到世界各地。

（图片来自壹图网）

雪卡鱼中毒可能是由几种不同来源的毒素所造成的，包括雪卡毒素、刺尾鱼毒素和鹦嘴鱼毒素等。其中雪卡毒素对小鼠的半数致死量（LD50）为 0.45 μg/kg 体重，毒性比河豚毒素强 20 倍，刺尾鱼毒素对小鼠的 LD50 为 0.17 μg/kg 体重。雪卡中毒主要影响人类的胃肠道和神经系统。雪卡中毒的症状与有机磷中毒有些相似，先是恶心和呕吐，接着是口干、腹泻、头痛、寒颤、发热和广泛肌肉痛等，口腔有食金属味。症状可持续几小时到几周，甚至数月的时间。在症状出现的几天后，有时有死亡现象发生。

小知识

什么是半数致死量（LD50）？

在毒理学中，半数致死量简称 LD50（即 Lethal Dose 50%），是描述有毒物质的常用指标，是指能够引起试验动物一半死亡的药物剂量，通常用药物致死剂量的对数值表示。根据物质的半数致死剂量 LD50 值，把毒性物质危险划分为五个等级。

0：无毒性，LD50>15 g/kg；
1：实际无毒性，5 g/kg<LD50<15 g/kg；
2：轻度毒性，0.5 g/kg<LD50<5 g/kg；
3：中度毒性，50 mg/kg<LD50<500 mg/kg；
4：高度毒性，LD50<50 mg/kg。

鱼卵和鱼胆毒素

在我国，能产生鱼卵毒素的鱼有十多种，其中包括淡水石斑鱼、鳇鱼和鲶鱼等。鱼卵毒素为一类毒性球蛋白，具有较强的耐热性。一般而言，耐热性强的鱼卵蛋白毒性也强，其毒性

（图片来自壹图网）

反应包括恶心、呕吐、腹泻和肝脏损伤，严重者可见吞咽困难、全身抽搐甚至休克等现象。

鱼胆毒素存在于鱼的胆汁中，是细胞毒素和神经毒素，可引起胃肠道的剧烈反应、肝肾损伤及神经系统异常。一般人认为鱼的胆汁可清热、解毒、明目，但恰恰相反，鱼胆毒素往往会引起中毒乃至死亡。我国主要的淡水经济鱼类如草鱼、鲢鱼、鲤鱼、青鱼等，胆汁中都含有毒素。

河豚毒素

"蒌蒿满地芦芽短，正是河豚欲上时。"每年三四月份是河豚最为肥美的时节，不少上海人一到周末，便开赴江苏扬中、海安等地"拼死吃河豚"。据统计在扬中地区一个月可以吃掉数百吨河豚。在我国沿海和长江下游地区，因误食河豚丧命的，每年都有数十人。虽然卫生部法令规定，河豚有剧毒，不得流入市场，但各地售卖、食用从未停止。

河豚是哺乳纲淡水豚科动物的统称，是味道极鲜美但含有剧毒的鱼类。基本所有种类的河豚都含河豚毒素，其中毒素的浓度在卵巢和肝脏中最高。河豚毒素的毒性比氰化钠强1 000倍，如不经特殊加工手段处理，则中毒甚至死亡事件在所难免。河豚毒素能专一性地堵塞为产生神经脉冲所必需的钠离子向神经或肌肉细胞的流动,使神经末梢和神经中枢发生麻痹,最后使呼吸中枢和血管神经中枢麻

(图片来自壹图网)

痹而死。河豚毒素对小鼠的经口 LD50 为 8.7 μg/kg 体重。对人的经口 LD50 为 40 μg/kg 体重,大约 1~2 mg 河豚毒素结晶即可使一个成人死亡。

● 贝类毒素

贝类是人类动物性蛋白质食品的来源之一,世界上可食用的贝类约有 28 种。已知的大多数贝类均含有一定数量的有毒物质。实际上,贝类自身并不产生毒物,但是当它们摄取海藻或与藻类共生时就感染和积累毒素,从而引起人类食物中毒。海藻主要感染蚝、牡蛎、蛤、油蛤、扇贝、紫鲐贝和海扇等贝类软体动物。贝类毒素主要包括麻痹性贝类毒素和腹泻性贝类毒素。

麻痹性贝类毒素

麻痹性贝类毒素是海洋生物毒素中比较普遍的一种。这种

（图片来自壹图网）

毒素原产于海洋有毒藻类中，但主要积累在海产贝类体内。

目前已知麻痹性贝类毒素主要来源于一些藻类生物，如甲藻、海洋金藻、蓝藻等。上述藻类在大规模爆发性增长而形成所谓的"赤潮"时，海产贝类因大量摄食这些藻类而积累了较高浓度的麻痹性贝类毒素，残留时间往往长达数星期甚至数月之久。人或动物摄食之后，毒素会对神经、肌肉产生麻痹作用而使之中毒，中毒严重者可危及生命，因此麻痹性贝类毒素被认为是对人类健康威胁最大的一种贝类毒素。

腹泻性贝类毒素

腹泻性贝类毒素是由有毒赤潮藻类鳍藻属和原甲藻属的一些种类产生的脂溶性多环醚类生物活性物质。腹泻性贝类毒素在全球沿岸海域均有分布，是世界范围内具有最严重威胁的赤潮藻毒素之一。可被腹泻性贝类毒素毒化的贝类是双壳贝类，主要有扇贝、贻贝、杂色蛤、文蛤、牡蛎等。不论什么贝，毒素一般均局限在中肠腺（也叫消化盲囊，为暗绿色或绿褐色的组织），因此，在毒化时期（主要在4—8月）以不食用中肠腺为宜。

腹泻性贝类毒素中毒症状主要有腹泻、呕吐、恶心、腹痛和头疼。发病时间可在食后 30 min 或 14 h 不等，一般在 48 h 内恢复健康。一般止泻药不能医治。该毒素不是致命毒素，通常只引起轻微的胃肠疾病，而症状也会很快消灭，没有强烈的急性毒性。

小知识

如何预防动物性食品中毒？

1. 严格加工肉食食品，去头、去皮、去内脏，洗净后经高温煮熟、煮透再食用，禁止食用混入动物内分泌腺的食品。
2. 食用新鲜鱼或冷冻保藏鱼类，防止鱼类腐败变质，烹饪前去除内脏并洗净。
3. 尽量不要冒险去品尝河豚，不要生吃青鱼、草鱼、鲢鱼、鲤鱼等淡水鱼的鱼胆。
4. 在有"赤潮"现象时，捕捞者应及时到渔业部门对捕捞的贝类进行毒素测定，不得擅自出售"赤潮"发生时所捕捞的贝类。

说说 植物毒素

植物是人类最重要的食物来源。植物毒素是由植物产生的能引起人和动物致病的天然毒性物质，是人类食源性中毒的重要因素之一，对人类健康和生命有较大的危害。我国幅员辽阔，地理成分复杂，植物种类丰富，有毒植物的种类也很多。据统计，我国有毒植物约有1 300种，分别属于140个科。

绝大部分有毒植物的成分是在植物体内代谢生成的，也有一些植物可以富集某些特殊化学成分产生毒害。与人们健康密切相关的植物毒素主要有以下几种。

有毒蛋白质

目前所发现的有毒蛋白质包括血凝素和酶抑制剂。血凝素是某些豆科、大戟科蔬菜中的有毒蛋白质。这类毒素已发现10多种，包括蓖麻毒素、大豆凝集素和菜豆毒素等。凝集素含量最高的农作物是肾豆，未经加工的肾豆含有2万～7万凝集素单位，煮熟后仍有200～400单位。虽然菜豆比肾豆中凝集素含量相对较低，一般是肾豆的1/3，但不当的饮食方式也能导致中毒。

酶抑制剂主要有胰蛋白酶抑制剂和淀粉酶抑制剂，它们能引起过敏反应，有人称其为过敏源。食用的黄豆中已发现至

（图片来自壹图网）

少有16种蛋白质能引起过敏反应，其中主要的过敏原是胰蛋白酶抑制剂。这类毒素受热后变性，可破坏一些毒素，降低含毒量，所以豆浆等豆制品食用前的加热处理是非常重要的。

> **小知识**
>
> **人喝生豆浆为什么会中毒？**
>
> 生豆浆中含有胰蛋白酶抑制剂，可影响蛋白质的消化和吸收，进入机体后抑制体内胰蛋白酶的正常活性，并对胃肠有刺激作用。因此饮用未煮沸的豆浆可引起食物中毒，表现出恶心、呕吐、腹胀、腹泻等症状。
>
> 此外，生豆浆中还含有一些酚类化合物，可使豆浆产生苦味和腥味，所以，没煮熟的豆浆口感也不好。

有毒生物碱

生物碱是自然界中广泛存在的一大类碱性含氮化合物，存在于毛茛科、芸香科、豆科植物根、果中，成分极其复杂。至少有120多个属的植物含有生物碱。已知的生物碱有2 000种以上，存在于食用植物中的主要是龙葵碱、

秋水仙碱及吡咯烷生物碱。其生理作用差异很大，引起的中毒症状各不相同。中毒的第一反应是恶心、腹痛、腹泻，甚至腹水，一般中毒者都可康复，严重者可能导致死亡。

> **小知识**
>
> **土豆生芽后还能吃吗？**
>
> 土豆中含有少量生物碱类物质"龙葵碱"。当土豆发芽，皮肉变绿或变紫时，毒素会增加数十倍之多，尤以芽和周围皮肉中含量为多。
>
> 龙葵碱对人体有溶血作用，还能麻痹人神经系统中的运动中枢和呼吸中枢，一般人只要口服 200 mg 以上的龙葵碱即可引起中毒。中毒症状有口干、恶心、呕吐、腹泻，重者可有头晕、耳鸣、抽搐等，甚至因呼吸中枢麻痹而死亡。因此，土豆生芽后就不能再吃了。

● 生氰糖苷类毒素

生氰糖苷是由氰醇衍生物的羟基和 D-葡萄糖缩合形成的糖苷，广泛存在于豆科、蔷薇科、稻科的 10 000 余种植物中。含有生氰糖苷的食源性植物有木薯、杏仁、枇杷和豆类等，典型的有苦杏仁苷、芥子油苷、甾苷、多萜苷等，它们主要存在于植物的种子、果仁和茎叶中。

生氰糖苷的毒性甚强，对人的致死量为 18 mg/kg 体重。生氰糖苷可水解生成高毒性的氰氢酸，氰氢酸被吸收后，随血液循环进入组织细胞，并透过细胞膜进入线粒体，氰化物通过与线粒体中细胞色素氧化酶的铁离子结合，导致细胞的呼吸链中断。生氰糖苷的急性中毒症状包括心律紊乱、肌肉麻痹和呼吸窘迫。

小知识

科学家通过小白鼠的实验换算证明,成人一次口服苦杏仁55颗(约60 g,含苦杏仁甙约1.8 g)可导致死亡。

● 蘑菇毒素

我国的800多种蘑菇中已知约有80多种可对人产生毒性反应,其中极毒和剧毒者有10多种。目前在山区农村和乡镇,误食毒蘑菇中毒的事例比较普遍,几乎每年都有严重中毒致死的报告。

食用野生毒蘑菇而引起的食物中毒称蕈毒中毒,其有毒物质称为蕈毒素。其中最典型的毒素是产生原生毒的鹅膏菌素。这种毒素潜伏期达6~48 h,潜伏后期症状突然发作,表现出剧烈腹痛、不间断呕吐、腹泻、干渴和少尿,随后引起严重的

(图片来自壹图网)

肝肾以及骨骼肌损伤,表现出黄疸、皮肤青紫和昏迷,中毒死亡率为50%以上。

> **小知识**
>
> **如何预防植物性食物中毒?**
>
> 1. 植物性食物要妥善放置。土豆应放在干燥、阴凉处,避免日光照射,防止发芽或表皮变绿,防止腐烂。
>
> 2. 需加热的食物要加热彻底。不要喝生豆浆、生吃苦杏仁;烹制四季豆前,应先将四季豆放入开水中烫泡10 min;鲜黄花菜应先去掉长柄,再用开水焯一下,宜和其他菜或肉食搭配烹制。
>
> 3. 尽量不要食用无法识别或过去没有食用过的蘑菇,或者经有关部门鉴定确认无毒后方可食用。

说说 真菌毒素

真菌毒素是产毒真菌在一定环境条件下产生的次级代谢产物,广泛污染农作物、食品及饲料等植物源性产品,可引起人类和动物急性或慢性中毒,部分已被证实具有致癌、致畸、致细胞突变的"三致"作用。目前已知的真菌毒素有200多种,按其主要产毒菌种可分为曲霉菌毒素、青霉菌毒素、麦角菌毒素和镰刀菌毒素等几大类。下面介绍几种真菌毒素。

黄曲霉毒素

20世纪60年代初,在英国东南部一些农场中,有大约10万只火鸡不明缘由地突然死亡,一时间在人群中造成了恐慌和不安。后来经过食品、毒理和细菌学方面专家的通力合作,从喂养火鸡的玉米粉中分离出一种前所未知的由黄曲霉菌产生的毒素,命名为"黄曲霉毒素",而且少量长期摄入还可使部分人畜致癌。

黄曲霉毒素是黄曲霉和寄生曲霉的代谢产物。联合国粮农组织估计,全世界谷物供应的25%受霉菌毒素污染,其中,每年至少有2%的农产品因黄曲霉素污染而报废。我国花生及制品、食用油、油料饼粕及饲料、玉米、大米等农产品及食品的黄曲霉素污染比较严重,其中,以花生和玉米的污染最为严重,成为一些地区肝癌发病率高的主要原因。在天然污染的食品中,以黄曲霉素B1最常见,而且毒性也最强,其半数致死量LD50值仅为0.36 mg/kg体重,毒性是氰化钾的10倍,砒霜的68倍,是真菌毒素中致癌力最强的一种。联合国粮农组织和世界卫生组织规定黄曲霉毒素的最大允许限量为15 μg/kg。我国规定玉米、花生仁、花

生油不得超过 20 μg/kg，其他粮食、豆类、发酵食品不得超过 5 μg/kg，干酪中不得超过 0.5 μg/kg，在婴儿食品、代乳品中不得检出。

● **赭曲霉毒素**

赭曲霉毒素是由多种曲霉和青霉菌产生的一类化合物，普遍存在于热带和温带地区，常见于燕麦、大麦、小麦和玉米等农作物上。依其发现顺序分别称为赭曲霉毒素 A（OTA）、赭曲霉毒素 B（OTB）和赭曲霉毒素 C（OTC），其中 OTA 毒性最强。主要对肾产生危害，造成肾肿大。动物摄入了霉变的饲料后，这种毒素就可能出现在猪和母鸡等动物的肉中。赭曲霉毒素主要侵害动物肝脏与肾脏，大量的毒素也可能引起动物的肠黏膜炎症和坏死。由于 OTA 的致病性，世界卫生组织建议谷物中 OTA 的最高浓度为 5 μg/kg，我国也于 2005 年规定谷类、豆类中 OTA 的限量不超过 5 μg/kg。

● **麦角菌毒素**

在收获季节如碰到潮湿和温暖的天气，谷物很容易受到麦角菌的侵染。麦角菌的子囊孢子侵入禾本植物的子房，并在里面发育产生淡黄色的菌丝体，最终形成麦角菌硬粒。麦角菌硬粒包含多种麦角菌毒素，其活性成分主要是以麦角酸为基本结构的一系列生物碱衍生物，如麦角胺、麦角新碱和麦角毒碱等。该菌可以寄生的植物多达 600 多种，且新的菌种和宿主仍不断被发现。世界范围内种植的小麦、大麦、黑麦、大米、小米、玉米、高粱和燕麦这 8 种主要谷类作物均可被麦角菌侵染。

麦角菌毒素的毒性非常稳定，可保持数年之久，在焙烤时其毒性也不能破坏。当人们食用了含有麦角菌毒素的食品后就

可发生麦角菌中毒，引起以损害血管、神经为特征的症状，包括肢端感染、神经失调、瘫痪和痉挛等。

● 镰刀菌毒素

呕吐毒素与赤霉烯酮由镰刀菌产生，同时存在于霉变玉米中，是最常见的污染粮食、饲料的毒素之一。呕吐毒素和赤霉烯酮都是田间毒素，大多在低温、潮湿气候中产生，在收获后由于储存保管方式不当也会引起玉米霉变的加剧。呕吐毒素与赤霉烯酮不仅可以污染农作物，也可以污染粮食制品，对人和动物可以产生广泛的毒性效应，如食欲降低、体重减轻、代谢紊乱、免疫低下等。目前有许多国家制定了呕吐毒素和赤霉烯酮的限量标准，我国国标规定小麦、玉米中呕吐毒素的限量为1 000 μg/kg，赤霉烯酮的限量为60 μg/kg。

小知识

如何预防真菌性食品中毒？

1. 保存粮食及其制品等，应随时注意其水分和温度，保持干燥、低温储存，以达到防止真菌生长的目的。

2. 食品加工的原料及食品，不宜积压过久，食品库房应保持清洁、干燥，并定时消毒处理；已经发霉的食品应不再食用，并与其他食品隔离。

3. 发酵食品如酱豆腐、臭豆腐、酱油、啤酒、面包等应妥善保存，以免食物被有毒真菌污染。

说说 细菌毒素

细菌性食物中毒最为多见，占食物中毒的60%～90%，这与气温有利于细菌在食物中生长繁殖和产生细菌毒素有关。细菌毒素可分为外毒素和内毒素两大类。外毒素包括肠毒素、肉毒毒素和溶血毒素等，产生外毒素的细菌主要是革兰氏阳性菌，如肉毒杆菌、金黄色葡萄球菌等。内毒素存在于多种细菌内，如大肠杆菌、沙门氏菌等，引起各种食物中毒，对人体的健康十分有害。总之，细菌性食物中毒发生率最高，根据历年各地的统计资料表明，无论是发生次数还是中毒人数，均占食物中毒总数的第一位。通常

（图片来自壹图网）

有明显季节性,一般以 5—10 月份最多。所以搞好预防工作极其重要,防止细菌污染食物是最根本的措施,还要控制细菌在食物中的繁殖及产生毒素,彻底加热,灭杀病原菌和破坏毒素。下面介绍几种重要的细菌毒素。

● **葡萄球菌肠毒素**

葡萄球菌食物中毒,是由葡萄球菌在繁殖过程中分泌到细胞外的肠毒素引起,一般因吃污染后的剩饭、剩菜引起,也可因吃鱼、肉、蛋引起。产生肠毒素的葡萄球菌有两种,即金黄色葡萄球菌和表皮葡萄球菌。金黄色葡萄球菌致病力最强,可引起化脓性病灶和败血症,其肠毒素能引起呕吐、腹泻等急性胃肠炎症状。葡萄球菌肠毒素以 A 型最为多见,毒力最强,摄入 1 μg 即能引起中毒。葡萄糖球菌肠毒素的耐热性强,破坏食物中存在的肠毒素须加热至 100℃,并持续 2 h,故在一般烹调温度下,食物中如有肠毒素存在,仍能引起食物中毒。

引起中毒的主要食品有奶、肉、蛋、鱼类及其制品等各种动物性食品。糯米凉糕、凉粉、剩饭等也曾引起过中毒。

(图片来自壹图网)

● **肉毒毒素**

肉毒梭菌,又叫肉毒梭状杆菌,是自然界中广泛存在的一种细菌，比如土壤、动物粪便中经常能发现它。肉毒梭菌本身是无害的，但在厌氧环境（如肠道、密闭发酵食品）中会产生毒素，称为肉毒毒素。肉毒毒素是天然毒性物质中毒性最强的一种，它比氰化钾毒力还大 1 万倍，72 ng 即可致一成年人死亡。肉毒毒素对成人和儿童均有危害，尤其是儿童体内肠道菌群缺乏，肉毒梭菌的芽孢在儿童的肠道弱碱厌氧环境中能够产毒，对 1 岁以下的婴儿存在较大威胁，因此应坚决避免婴幼儿食用含有肉毒梭菌的奶粉等相关食品。人体在进食含有肉毒毒素的食物引起中毒后，临床上以恶心、呕吐以及中枢神经系统症状为主要表现。肉毒中毒虽然较少发生，但致死率高，人类食用了该毒素污染的食品如不及时治疗，死亡率高达 70%，因此必须高度重视。

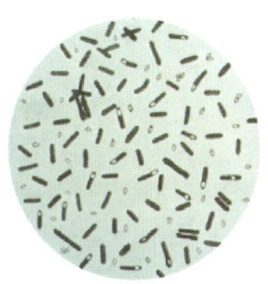
甲基紫染色过的肉毒杆菌

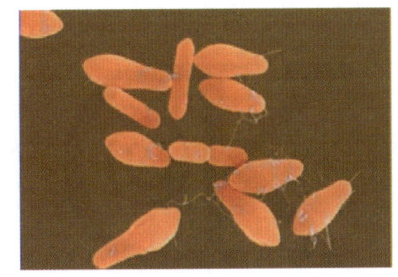
肉毒杆菌分布

大肠杆菌肠毒素

大肠杆菌是一组革兰氏阴性菌。大肠杆菌是人和动物肠道的正常菌群，多不致病，但当宿主免疫力低下或大肠杆菌侵入

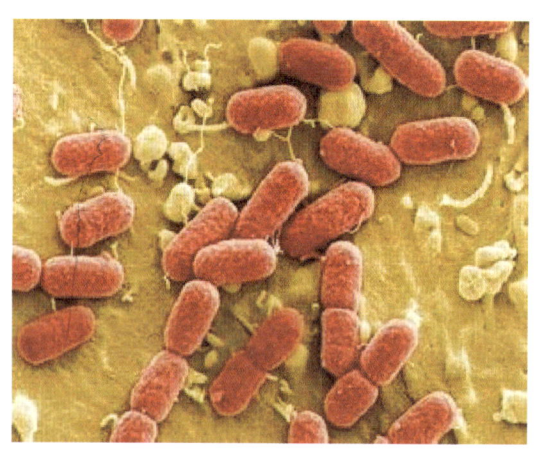

肠外组织和器官时，可引起肠外感染。有少数菌株可直接引起肠道感染，这些大肠杆菌称为致病性大肠杆菌，其中的一种称为肠产毒性大肠杆菌（ETEC）。ETEC主要在小肠内繁殖，致病物质有不耐热肠毒素和耐热肠毒素两种毒素。初生幼畜被 ETEC 感染后，常因剧烈水样腹泻和迅速脱水而死亡，发病率和死亡率均很高，给养殖业带来严重的经济损失。

人群对 ETEC 普遍易感，5 岁以下尤其小于 1 岁发病率最高。患者及带菌者为主要传染源，污染周围环境并迅速播散，多次爆发流行与水源、食品、牛奶和饮料有关。

沙门氏菌毒素

每年 6—9 月份，由沙门氏菌污染食品造成的食物中毒发病较多见，占我国细菌性食物中毒的 70%～80%。沙门氏菌是一种肠道致病菌，最适生长温度为 20~37℃。沙门氏菌广泛存在于家禽、家畜及鼠类粪便里，极易污染到食品，如畜肉类及其制品、禽肉、蛋类、乳类及其制品。

沙门氏菌产生的内毒素是一种多糖、类脂、蛋白质复合化合物。内毒素具有较强的耐热能力，75 ℃经1 h后仍有毒力，可使人发生食物中毒，引起呕吐、腹痛及不同性质的腹泻等症状。

（图片来自壹图网）

小知识

如何预防细菌性食品中毒？

1. 加强食品管理，注意饮食卫生，尤其是在夏秋季节，对肉、鱼、蛋、菜、牛奶等的加工制作、运送、储存过程，都要特别注意，防止食物污染变质。

2. 饭菜不能当餐食用完的，应及时冷藏，冰箱的冷藏温度应确保在5℃以下，并在下一餐食用前回烧，尤其要注意应做到加热彻底。

3. 生食的蔬菜水果要彻底清洗；生吃食品、凉拌菜、咸菜等应尽量先用食醋处理；腐败发酸的食物不能吃。

4. 对病死牲畜，必须经过兽医和有关人员检查后决定能否食用；动物的头、内脏、蹄等易被污染的食品，必须洗净并经高温煮熟煮透后再吃。

5. 凡是接触过生肉和生动物内脏的容器、用具等要及时清洗消毒，严格做到生熟分开，防止交叉感染。

话题五

食物过敏

说说 什么是食物过敏

食物过敏，又称食物变态反应，是人对食物产生的一种不良反应。通俗地说，就是指某些人吃进去的某种食物，被身体的免疫系统当成了有害的东西，引起身体的免疫反应。过敏反应通常会在人误食过敏物质后的一个小时内出现，其症状明显。出现过敏反应的患者可能会出现皮肤过敏（皮疹、荨麻疹、水肿）、呼吸道过敏（流鼻涕、咳嗽、过敏性鼻炎、哮喘）或者消化道过敏（过敏

（图片来自壹图网）

性肠胃炎)。有些过敏反应还会引起全身过敏即过敏性休克,甚至死亡。

进入21世纪以来,过敏性疾病发病率明显上升,已成为影响人类健康最常见的全球性疾病之一。

小知识

人类关于食物不良反应的记载已经有2 000多年的历史了。早在公元1世纪,古希腊人希波拉底就描述了人类对牛乳的不良反应。在16~17世纪,有关鸡蛋和鱼引起的食物过敏有详细的记载。到20世纪人们已经认识到部分人群在食用某些食物后会产生严重的过敏反应。目前,食物过敏已经成为世界性的公众新型健康问题。

● 为什么有的人会对食品过敏

食物过敏是一种体质上的异常。在我们体内,有一类被称为抗体的蛋白质,它们就像警察一样,监控着入侵体内的"坏蛋"——细菌、病毒、真菌和寄生虫等,随时准备调兵遣将将其消灭。不幸的是,有时候抗体会把自身的细胞当成敌人进行攻击,让人患上"自身免疫症"。有的时候,抗体攻击的虽然是入侵者,但是这些入侵者并不是"坏蛋"(例如没有完全消化就被吸收进体内的食物),抗体对它们如临大敌,引起人体内一些化学物质的释放,从而造成皮肤红肿发痒、流鼻涕、哮喘或呼吸困难,甚至能导致死亡。这种情形,就是过敏。

从医学角度讲,有过敏性体质的人胃肠功能不大好,肠壁的通透性较高,容易将食物中未被充分消化的蛋白质直接吸收进入体内,于是这些"外来者"就成为一种抗原物质,刺激人体产生抗体,并发生过敏。

● **常见的易过敏食品有哪些**

几乎所有食物都有可能引起过敏反应,但是大约90%的过敏反应是由少数几类食物中的过敏源引发的。由于每个地区的遗传特征不同,导致了各个国家的人除了肤色不同、语言各异外,

(图片来自壹图网)

他们每天吃什么、吃多少也不尽相同，所以不同地方的过敏源种类也会有所不同。国际食品法典委员会（Codex Alimentarius Commission，CAC）规定的食品过敏源有：含有麸质蛋白的谷类，甲壳纲类动物及其制品、蛋类及蛋类制品、鱼类及其制品、花生、大豆及其制品、乳及乳制品、坚果及其制品，浓度大于等于10 mg/kg的亚硫酸盐。同时CAC也考虑到在不同地区食品过敏的患病率不同，建议将本国或本地区所特有的食品过敏源在标签上予以标明。美国官方认定会引起人们过敏反应的8大类食品有花生、树生坚果、鸡蛋、牛奶、贝类、鱼类、小麦及小麦制品、大豆及大豆制品。欧盟确定的过敏源除了这8大类食物外，还包括了芝麻、芥末、芹菜、羽扇豆、软体动物和一定浓度的亚硫酸盐。

除了不同地区间的差异，在不同年龄段的人群中容易引起过敏反应的食品也是不一样的。婴幼儿时期，容易引起过敏的食物主要有牛奶、鸡蛋、黄豆、花生等；成年时期易引起过敏的食物有坚果、花生、鱼、甲壳类海鲜等。另外，从中医角度看，人们所说的"发物"通常指那些容易引起过敏反应的食物，像鱼、虾、蟹、米酒等。

● 所有对食物产生的反应都是过敏吗

由于食品不耐受和常说的食物过敏都是由食物引起的，人们往往容易将二者混为一谈。但需要注意的是食物不耐受不是食物过敏，它与食物过敏最大的区别就是对食物的非免疫反应。食物不耐受通俗点说，就是身体对某种或几种食物"不接受"，比如有些人喝完牛奶后，会出现乳糖不耐受，这是由于其体内缺乏乳糖酶，导致牛奶中的乳糖不能分解的缘故，而不是对牛奶过敏引发免疫反应所致。这种不涉及免疫机制的食物不良反应也被称为非过敏性食物超敏反应。

2012年《过敏和鼻科国际学会杂志》报道，目前全球有45%以上的人群存在不同程度的食物不耐受现象。与食物过敏相比较，食物不耐受的发病人群更广泛，发病率更高，引起的疾病类型较复杂且多为长期慢性疾病。因为多由平时常吃食物引起，且发病时间较滞后，故而难以及时发现病因做出自我诊断。而食物过敏往往发病快，症状明显，属于急性发作的病症。

● 食物过敏会遗传吗

食物过敏没有传染性，但食物过敏有一定的遗传倾向。父母对某种食物过敏，他们的孩子对某种食物过敏的概率也比较大。食物进入人体引起变态反应的途径通常是经口食入，这是最常见的途径。当然，对于部分比较敏感的人来说，可能只要接触或者闻、吸都会引起过敏。

小资料

《美国临床营养学杂志》报道，挑食会造成后代的过敏。如果外婆有不喜欢吃的东西，她的女儿也不会喜欢，如果女儿也不去吃的话，到了外孙女这一代，就会变成过敏，原因便是基因缺陷。遗传基因是很重要而很难改变的，它会影响数代人的健康。为了后代不会因为过敏而痛苦，请不要挑食！

说说 食物过敏的检测与控制

● 怎样知道你对哪种食品过敏

如果你总会莫名其妙的过敏，或是小朋友过敏了却表述不清楚，那么到医院做个过敏源检查就很有必要了。现在过敏源检测的主要方法是点刺试验和抽血检查两种。

点刺试验就是用特殊的点刺针将一定量较低浓度的过敏源溶液注入患者的皮肤上，使过敏源试剂直接与皮肤下面的细胞接触，从而引发反应。如果皮肤表面出现小的肿块或是泛起红晕则说明是过敏。

在20世纪90年代，这种过敏源检测方法以其所需条件简单，测试方便且可以让患者直接观察测试结果，几乎被普遍应用在各大医院，可谓是

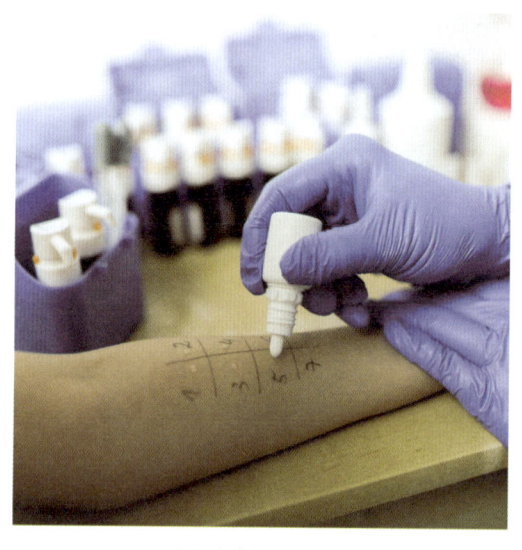

（图片来自壹图网）

一种经典方法。但许多因素如季节、测试时间、待测区域等都会影响其结果，且由于相关制剂的质量很不稳定，有时候过敏源试剂的浓度高一点，患者就属于高度过敏，有时候试剂浓度低一点，患者就变成不过敏了。2010年，美国国家过敏症和传染病研究所的一项调查显示：大约有30%的美国人认为自己对某种食物过敏，而全美真正的食物过敏症患者还不到总人口的5%。这很大程度上可能都要归结于目前在食物过敏测试上所广泛采用的点刺试验。这种方法不但耗时还很容易出现误判，所以它也渐渐被抽血检查所取代。

抽血检查就是通过抽血检查患者体内的特异性抗体来寻找过敏源。其道理在于，如果人体对某一种物质过敏，身体会产生一种仅针对这种物质的抗体，选择相应的手段对这种抗体进行检测，既避免了点刺试验中操作手法或者主观判断可能引起的问题，又能客观地反映出血液中的真实情况，因此最为准确。

小知识

2005年6月28日，世界过敏组织（World Allergy Organization, WAO）联合各国过敏反应机构共同发起了对抗过敏性疾病的全球倡议，将每年的7月8日定为世界过敏性疾病日，旨在通过增强全民对过敏性疾病的认识，共同来预防过敏反应。

2013年7月8日是第九个"世界过敏性疾病日"，其主题就是"关注过敏进程，重视食物过敏"。WAO通过各种途径普及食物过敏相关知识，提高了人们对食物过敏性疾病的关注度。

● 怎样知道食品中含有哪些过敏物质

仔细阅读食品包装上的配料成分相关说明可以在一定程度上帮助我们避免食用含致敏物质的食物。我国食品安全国家标准《预包装食品标签通则》要求，2013年起我国开始强制执行标识过敏源的制度，其中明确提出：如果在加工过程中可能带入麸质类、甲壳类、鱼类、蛋类、花生、大豆、乳类及坚果类食品或制品的话，应该在配料表中使用容易辨识的名称，或在邻近位置加以重要提示。所以在食用前，最好认真阅读食品包装上的配料表或邻近位置的相关信息，以避免误食过敏源成分。

食物过敏已经成为一个新兴的公众性健康问题，如何利用现代科学技术对食品中的过敏源成分进行分析检测是食品工业和消费者共同关心的问题。现有的检测技术主要包括以蛋白质和核酸为基础的两大类检测方法，此外，还有一些色谱、质谱分析技术和生物传感器技术也初步应用于过敏源的检测。为适应食品加工业脱敏、低敏食品生产的在线检测，从源头上降低过敏发生的可能性，科研人员运用分子生物学最新研究进展，建立了食品过敏源的数据库系统，能在食品生产的过程中及时掌握食品中的过敏物质信息，为食物过敏的人们带来了更多的福音。

过敏源能去除吗

大部分过敏源都很难完全去除,这是因为引起过敏的过敏源都含有一个叫作抗原决定簇的东西,抗原决定簇能够耐受很多考验。研究表明,食品加工过程会对食物过敏源产生影响。通过物理、化学及生物学的方法可改变一部分过敏源的结构,从而达到消除或降低部分过敏源致敏性的目的。

物理方法如何削弱过敏源的"实力"

首先,就是加热。由于过敏源主要由蛋白质组成,蛋白质在高温时容易变性,失去它应有的活力。因此,食物加热到一定程度可以降低一些过敏源的致敏性。烘烤、蒸煮、煎炸等,都会对其产生不同的影响。但是热处理对致敏活性的影响是一个非常复杂的问题,由于食物的种类不同,加热可能对其过敏源成分产生的影响差别很大。牛奶、鸡蛋、花生、甲壳类水产品中的过敏源成分比较稳定,不容易通过加热降低致敏性;而鱼类经过加热后,过敏源致敏

(图片来自壹图网)

性会降低；一般水果和蔬菜在充分加热后可以减少甚至消除致敏性。

其次，对谷物和小麦来说，研磨可以达到不错的效果。谷物和小麦中的过敏源主要存在于它们的外皮上，在研磨时脱掉了它们的外皮也就除去了过敏源，从而减少人体摄入过敏源的量。这就是为什么对小麦类食物过敏的人群如果吃细粮就能减少过敏。

随着科学技术的发展，人们还发现超滤法偶尔也可以达到不错的效果。超滤就是通过离心，用一种特殊的膜过滤有过敏源的食物，去掉食物中某些过敏源的成分，从而降低食物的致敏性。比如说，大豆蛋白通过超滤离心可去除其中的过敏源甘氨酸，超滤可以降低大豆的致敏性。此外，还有高压处理和辐照处理等现代科技手段也能在一定程度上降低部分食物的致敏性。

化学方法也可以降低致敏性

花生有致敏性这是众所周知的，从而花生油也被视为花生过敏者的禁忌。现在，通过水和有机溶剂共同浸泡提取花生，大量致敏性物质便会留在水中，进而分离出低过敏性的食用花生油。

科研人员发现，鸡蛋中卵白蛋白是导致人们对鸡蛋过敏的主要原

（图片来自壹图网）

因，用溴化物处理后卵白蛋白的致敏性降低从而降低鸡蛋的致敏性。用 10% 的氢氧化钠浸润桃汁 90 s，再对桃汁进行超滤，这样也可以降低桃汁的致敏性。

最陌生也是最熟悉的生物方法

说生物法消除过敏源陌生而熟悉应该是最贴切不过了。对于牛奶过敏的人却可以喝酸奶，这便是发酵的功劳。用乳酸菌对牛奶进行发酵，可以使两种致敏蛋白的致敏性降低 99%。这样就让牛奶的致敏性基本消除。

近几年的科研文献报道，利用一些蛋白酶可以降低小麦的致敏性。这是因为这些蛋白酶可以使小麦过敏源蛋白的结构发生变化，从而达到降低小麦致敏性的目的。国际最新研究证明花生经过烘烤后致敏性增强，而同时利用两种以上的水解酶"破坏"其过敏源蛋白的结构，可以降低花生的致敏性。虽然现在看这些方法似乎还不能真正应用在我们的生活中，但相信科研人员的努力很快就能取得成果。

食物过敏怎么办

与引起过敏的食物绝交

假如你怀疑某种食物引起过敏，最好在发生过敏现象之后再尝试几次，但是食用量上要严格控制，既要确认是否真的过敏，避免造成偏食或营养不均衡的问题发生，也不至于引发更严重的食物过敏。

完全不吃含致敏物质的食物是预防食物过敏最有效的方法。如果大夫已经明确告知你对某种或某类食物过敏，你就应当完全避免再次摄入这种过敏源食物，乃至它的加工制品。比如对牛奶过敏的人，就应该避免食用含牛奶的一切食物，如添加了牛奶成分的雪糕、冰激凌、蛋糕等。因此，对食物过敏的人还须识别含有过敏源的加工食品，仔细看清包装上的产品说明，以免误食诱发过敏症状的食物。

另外就是用不含过敏源的食物代替含有过敏源的食物，既满足了口腹之欲，又不至于让过敏折磨自己。比如说对牛奶过敏的人可以用羊奶、豆浆等代替。

食物过敏有什么有效的治疗方法

目前暂时没有公认有效的，并能从根源上治疗食物过敏的方法。即便用进口的标准化疫苗，也难以让所有的过敏患者都能得到治愈。对于某一个患者来说，疫苗或许能够根治过敏，但对所有的过敏患者来说依然作用有限。目前公认可能有效的主要是脱敏疗法。先将含有过敏源的食物稀释一千到一万倍，然后吃一份，如果没有症状发生，则可以逐日或者逐周增加食用的量，直到消除过敏。

小资料

世界上有一位对所有食物都过敏的极端患者——澳大利亚五岁男孩卡莱布。他自断奶后就开始显示出对所有食物过敏的迹象。喂他吃点三明治，结果吃了之后他就一直拉肚子，怎么也好不了。医生发现卡莱布的胃发红发炎，满布着溃疡并不断加重，于是对他进行了系统诊疗。最终医生认为，卡莱布对多种食物过敏或不耐受，并且有严重的吸收障碍，也就是说，他的身体根本没有办法"应付"食物。现在，卡莱布每天只能吃医生专门为他配制的，只含有钙和各种营养物质的流质"食物"。每隔20 h，这些"食物"就会通过一台机器直接打进卡莱布的胃里，而不经过消化道。

虽然这只是个个例，但听着就够令人毛骨悚然了，在为他感到惋惜的同时，也可以看到人们对于食物过敏的无可奈何。

话题六

食品及农产品质量安全管理

  农产品和食品的安全监管需要一套严谨科学的体系，涵盖从"农田到餐桌"的各个环节，包括农业投入品的生产控制、种植养殖、加工运输、储藏销售、消费等。在管理层面，各国政府制定严格的法律法规，颁布详尽的标准，设立专门的管理机构，建立专业的检测实验室，投入了大量的财力和人力，目的就是要对这个庞大复杂的生产供应体系进行良好的管理，保障消费者的安全，保证国内和国际贸易的顺利开展。尤其随着全球化的进程，国际上有了越来越统一的技术标准，各国的监管模式也是相互借鉴，取长补短。1963年国际食品法典委员会诞生，它是国际性立法组织，责任在于研究食品标准，建立相关食品安全措施，很多国际组织都使用其标准作为其成员国之间交易和解决争端的准则。不仅如此，现在各国政府也开始将国际标准视为本国食品安全的参照点。因此，应该说，随着科技的进步，人们认知水平的提高，各国的农产品和食品质量安全水平将不断提高。

说说 食品及农产品质量安全管理体系

● 中国

法律体系

目前我国具备了一套比较完善的农产品和食品安全法律体系，具体包括《农产品质量安全法》《食品安全法》《质量安全法》《农业法》《标准化法》《标准化法实施条例》《国家标准管理办法》《行业标准管理办法》《农业标准化管理办法》等。其中，《农产品质量安全法》涵盖了大气、土壤、水体等农产品的产地环境，农药、兽药、饲料、肥料、保鲜剂、防腐剂、添加剂等投入品，生产、包装、保鲜、储存、运输、销售各个环节。

标准体系

农产品标准化加工有利于把农产品由"三无产品"转化为品牌商品，更好地和现代市场甚至国际市场接轨，才能实现真正的价值，才能为农民增收。

目前我国形成了由国家标准、行业标准、地方标准、企业标准构成的农产品食品质量安全标准体系，根据标准的约束力分为强制性标准和推荐性标准，根据标准化对象的基本属性分为技术标准、管理标准和工作标准。我国《食品安全法》第二十二条表明，国务院卫生行政部门应当对现行的食用农产品质量安全标准、食品卫生标准、食品质量标准和有关食品的行业标准中强制执行的标准予以整合，统一公布为食品安全国家标准。截至2013年7月，我国制定公布了303部食品安全国家标准，包括乳品安全、真菌毒素、农兽药残留、食品添加剂和营养强化剂使用、预包装食品标签和营养标签通则等。

管理机构

2010年国务院决定设立国务院食品安全委员会。国务院食品安全委员会作为国务院食品安全工作的高层次议事协调机构，主要职责是：分析食品安全形势，研究部署、统筹指导食品安全工作；提出食品安全监管的重大政策措施；督促落实食品安全监管责任。

在食品安全委员会统一领导下，担负农产品食品质量安全监管职责的主要部委包括：

国家食品药品监督管理总局（www.sda.gov.cn）。负责起草食品安全监督管理的法律法规草案，拟订政策规划，制定部门规章。负责制定食品行政许可的实施办法并监督实施。参与制定食品安全风险监测计划、食品安全标准，根据食品安全风险监测计划开展食品安全风险监测工作。负责制定食品监督管理的稽查制度并组织实施。负责食品药品安全事故应急体系建设。承担国务院食品安全委员会日常工作。

国家卫生和计划生育委员会（www.nhfpc.gov.cn）。组织开展食品安全风险监测、评估，依法制定并公布食品安全标准，负责食品、食品添加剂及相关产品新原料、新品种的安全性审查，参与拟订食品安全检验机构资质认定的条件和检验规范。

国家农业部（www.moa.gov.cn）。组织起草种植业、畜牧业、渔业、乡镇企业等农业各产业的法律、法规草案；组织协调种子、农药、兽药等农业投入品质量的监测、鉴定和执法监督管理；组织国内生产及进口种子、农药、兽药、有关肥料等产品的登记和农机安全监理工作，监测农产品生产过程中的非法添加；起草动植物防疫和检疫的法律法规草案；签署政府间协议、协定，制定有关标准；组织、监督对国内动植物的防疫、检疫工作，发布疫情并组织扑灭；生猪定点屠宰监督管理。

国家质量监督检验检疫总局（www.aqsiq.gov.cn）。对进出口食品安全、卫生、质量进行检验监督管理，组织实施对进出口食品及其生产单位的日常监督管理。对进口食品、食品添加剂、食品容器、包装材料、食品用工具及设备进行检验检疫和监督管理。建立出入境食品检验检疫风险预警和快速反应系统，对进出口食品中可能存在的风险或潜在危害采取预防性安全保障和处理措施。

除此之外，食品安全委员会还设立了国家食品安全风险评估中心（www.cfsa.net.cn），开展食品安全风险评估基础性工作，向国家食品安全风险评估专家委员会提交风险评估分析结果，经其确认后形成评估报告报国家卫生计生委，由国家卫生计生委负责依法统一向社会发布。承担风险监测相关技术工作。研究分析食品安全风险趋势和规律，向有关部门提出风险预警建议。开展食品安全知识的宣传普及工作。

● 美国

法律体系

美国是世界上食品安全水平较高的国家，但其食品安全的法制化同样是经历了一个漫长的过程。美国建国后，一度假冒伪劣食品肆意横行，于是 1890 年制定了《联邦肉类检验法》，标志着美国联邦政府食品安全方面立法的开始。1906 年出台了《纯净食品与药品法》，并成立了食品药品管理局。1938 年出台了《联邦食品、药品和化妆品法》，从而让美国食品安全监管走向了规范化、法治化轨道，之后形成了比较完善的食品安全法律体系。各部门制定的法律条例 40 多种，主要包括联邦食品、药品和化妆品法令（FFDCA）、食品质量保障法令（FQPA）、联邦肉类检验法令（FMIA）、禽类产品检验法令（PPTA）、蛋产品检验法令（EPIA）和公共健康事务法令等。2011 年初美国《食品安全现代化法》正式生效，该法案是对《联邦食品药物及化妆品法案》的重大修正，涉及内容较多，以预防为主、突出风险控制，详细规定了企业如何履行主体责任，强化进口食品的境外检查监管，并注重政府部门间的协调合作和监管能力建设。

管理机构

联邦监管机构的主要职责在于建立覆盖全国范围的食品安全网络，具体包括：农业部（USDA）的食品安全监察局（FSIS）负责肉、禽、蛋制品的安全；卫生与公共事业部（DHHS）的食品和药品管理局（FDA）负责 FSIS 以外的所有食品的安全；环境保护局（EPA）负责环境保护和农药危害；商务部的国家海洋渔业局（NMFS）负责海产品的安全。此外，美国还有国家卫生研究所（NIH）、农业研究署（ARS）、农业市场署（AMS）、州际研究、教育和推广合作署（CSREES）、经济研究署（ERS）、谷物检验、包装和堆料场管理局（GIPSA）、美国法典办公室等 8 个联邦部门支持协调管理食品安全，形成了较为庞大而复杂的食品安全监管体系。

在诸多的联邦机构之中，美国农业部（USDA）和美国食品药品管理局（FDA）是美国食品安全监管体系中最为核心的两家机构，它们的管理范围覆盖国产食品和进口食品。USDA根据食品安全审查服务条款（简称FSIS）确保肉禽类产品在美国国内的运输安全以及最终的消费安全。FDA则负责对其他种类的食品进行监管，例如海鲜、乳制品、坚果、谷物、果汁和瓶装水等。

● **欧盟**

法律体系

1996年疯牛病暴发使欧盟意识到把食品安全监管仅仅作为内部市场建设的附带政策存在严重不足，于1997年出台《食品安全绿皮书》，成为欧盟食品法立法的一个起点。而1999年的二噁英事件进一步表明食品安全问题需要有基本的法律保障和独立的监管机构。2000年欧盟出台了《食品安全白皮书》，包含116个条款。其中提出了"从农田到餐桌"的全过程控制，包括动物饲养、动物健康与保健、污染物和农药残留、新型食品、添加剂、香精、包装、辐射、饲料生产、农场主和食品生产者责任以及各种农田控制措施等。

2002年欧盟颁布了178/2002号法令，规定了食品法律的一般原则和要求，对食品法总则，欧洲食品安全管理机构，快速警报系统和风险管理以及有关程序和其他条款作了规定，其重点是规定了欧洲食品安全局（EFSA）的独立性和工作程序。该基本法作为一个坚实的支撑，使其他法律以横向纵向的方式不断完善食品安全监管。横向立法指覆盖所有食品或一组食品的某方面的立法，如标签、添加剂、包装、卫生等。纵向立法指针对某产品的所有相关标准。

管理机构

欧盟负责食品安全的主要机构有欧盟健康和消费者保护总局、欧盟食品安全局、欧盟食品链及动物健康常设委员会。其中健康和消费者保护总局负责食品安全法规的实施。其下属的食品与兽医办公室负责监督欧盟成员国对欧盟兽医、植物检疫以及食品卫生相关法规的执行情况。欧盟食品安全局作为独立的科学咨询机构，只负责为欧盟委员会、欧洲议会和欧盟成员国提供风险评估，提供与食品饲料安全相关领域的科学与技术检疫等。欧盟食品链及动物健康常设委员会负责为欧盟委员会制定食品链各个阶段的食品安全措施。欧盟委员会在进行食品安全立法时会向该机构咨询相关建议。

说说 食品及农产品质量安全检测技术

在农产品及食品质量安全管理体系中，检验检测体系发挥重要支撑作用，它是依照国家法律、法规和有关标准，对农产品和食品质量安全实施监测、鉴定、评价的技术保障体系，承担着为政府提供技术决策、技术服务和技术咨询的重要职能，在保障农产品消费安全、风险评估、依法行政、市场监督、农产品进出口贸易中发挥着重要的作用。检验检测技术种类很多，包括理化分析技术、生物学分析技术、现代无损智能感官分析技术等。按技术原理分为光谱、波谱、色谱、质谱、电泳、免疫亲和、核酸扩增、测序、各类传感器等。随着科技的快速发展，检验检测技术也不断更新换代，各类商业化仪器和试剂层出不穷，检测范围不断扩大，检测灵敏度、精密度、速度、自动化程度不断提高，为农产品及食品的质量安全监管提供了强有力的工具，为科学执法提供了必要的技术支撑。以下对几类常用的检测技术从原理、类型和应用进行简要介绍。

理化分析技术

光谱技术

光谱技术是利用各种原子的特征谱线来鉴别物质和确定它们的化学组成。做光谱分析时，可以用发射光谱，也可以用吸收光谱。光谱技术具有灵敏度高、测定简便、快速、无损等特点，是一类比较常用的生化检测技术。主要包括紫外可见光谱、红外光谱、拉曼光谱和分子荧光光谱。这些技术可以应用于以下几个方面：

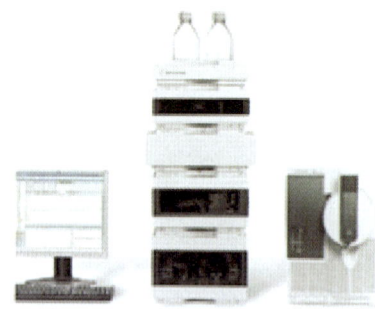

食品质量控制。肉制品在加工储藏过程中存在脂质氧化和蛋白质氧化的问题，这些物质的荧光光谱是分析肉与肉制品氧化状态的良好指标。

食品真伪鉴别。食品掺假通常很难用一般的化学方法进行鉴别，而光谱技术解决了这一难题。例如，蒸馏酒价格比较低，经常被用来伪造白兰地，采用前表面荧光法及时能有效地辨别白兰地的真伪；在生乳中添加复原乳的检测中，采用前表面荧光法能检测到添加量 5% 以上的复原乳，且该方法简单快速，检测一个样品仅需 5 min。

原料产地追溯。对原料产地进行追溯，可以有效、快速地找到源头并采取相应措施控制食品安全事故的扩散。三位荧光光谱技术能提供葡萄酒的指纹特征，据此可鉴别葡萄酒原产地、品种和年份。采用荧光光谱技术还可以对不同品牌的白酒进行分类。

危害物检测。因药物残留而引起的食品安全事件时有发生，采用光谱技术可以对各类药物残留、苯并芘、多环芳烃等工业污染物进行检测。

色谱技术

色谱技术是一种物理化学分离和分析技术，是利用混合物各组分在某一物质中吸附或溶解性能的不同而使混合物各组分分离的一种技术。色谱的类型很多，一般按照流动相的状态分为两大类，即以气体为流动相的气象色谱和以液体为流动相的液相色谱。由于色谱技术具有技术成熟、容易掌握、检测灵敏度高、分离效能高、样品用量少、方便快捷等特点和优势，已被广泛应用于农产品和食品的安全检测中。

气相色谱技术（Gas Chromatography，简称 GC）是色谱技术中应用最广泛的一种分析方法，它是以惰性气体为载体将样品带入气相色谱仪进行分析的色谱技术。它特别适用于气体混合物或易挥发性的液体或固体检测，即便对于很复杂的混合物，其分离时间也很短。

液相色谱中最具有代表性最常用的是高效液相色谱。高效液相色谱简称 HPLC，是在经典液相色谱技术的基础上，引入了气相色谱理论而迅速发展起来的。随着不断改进与发展，目前，高效液相色谱已经成为应用极为广泛的化学分离分析的重要手段。与气相色谱一样，液相色谱也有两相组成——固定相和流动相。与气相色谱不同的是，液相色谱的流动相是各种溶剂，主要类型包括吸附色谱、分配色谱、离子色谱、体积排阻色谱、亲和色谱等。

色谱技术被经常用于农产品和食品药物残留与污染检测分析，例如气相色谱技术可准确检测有机氯农药残留、有机磷农药残留和有机氮农药残留等，还可以快速检测分析烟熏食品中常见的 20 多种多环芳烃，食品中山梨酸、苯甲酸等食品防腐剂的含量，测定面粉中过氧化苯甲酰的含量等。高效液相色谱技术可快速检测腌肉及腊肉制品的硝酸盐及亚硝酸盐，能同时检测出食品中的多种食品添加剂成分，可以直接分析各种微生物代谢产物，确定微生物的特异性化学组分，从而判断被检测食品中的微生物是否超标，以及对人体健康是否构成威胁等。

质谱技术

质谱分析是一种测量离子荷质比（电荷—质量比）的分析方法，其基本原理是使试样中各组分在离子源中发生电离，生成不同荷质比的带正电荷的离子，经加速电场的作用，形成离子束，进入质量分析器。在质量分析器中，再利用电场和磁场使离子发生相反的速度色散，将它们分别聚焦而得到质谱图。由于在相同实验条件下每种化合物都有其确定的质谱图，因此将所得谱图与已知谱图对照，就可确定待测化合物。

根据质谱应用范围，质谱仪可分为有机质谱仪和无机质谱仪。有机质谱仪包括气相色谱—质谱联用仪（GC-MS），在这类仪器中，由于质谱仪工作原理不同，又分为气相色谱—四极质谱仪、气相色谱—飞行时间质谱仪、气相色谱—离子阱质谱仪等。无机质谱仪包括火花源双聚焦质谱仪、感应耦合等离子体质谱仪（ICP-MS）和二次离子质谱仪（SIMS）等。

目前质谱技术与其他分析技术联用，被广泛用于农产品和食品中的化学污染物，如农药残留、兽药残留、添加剂、加工过程中的污染物、有毒或不洁的包装材料、环境污染物、生物毒素以及重金属等的检测中。这些污染物的残留量多属于痕量（ppb，10^{-9}）或超痕量（ppq，10^{-15}）分析的浓度水平，组分多（需要检测100种以上的农药残留），对样品的制备方法要求较高,并对分析仪器的检测能力要求更为苛刻。质谱技术高灵敏度、高分辨率、快速的特点使其成为现代检验检测领域的重要技术。

● 现代分子生物学技术

PCR 技术

PCR 是"聚合酶链式反应"的英文缩写。PCR 技术是 20 世纪 80 年代中期发展起来的体外基因扩增技术。它能在特定的环境下于 2 h 之内将某个基因片段放大上百万倍,即从一滴血、一根毛发中就能扩增出足够的 DNA 以用于分析研究和检测鉴定。这一技术对于了解基因的功能、疾病诊断、法医鉴定等具有非常重要的作用。PCR 产物的生成数量是以指数方式增加的,能将单位为皮克($1\ pg=10^{-12}\ g$)量级的起始待测模板扩增到微克($1\ \mu g=10^{-6}\ g$)水平。能从 100 万个细胞中检出一个靶细胞;在病毒的检测中,PCR 的灵敏度可达 3 个 RFU(空斑形成单位);在细菌学检测中最小检出率为 3 个细菌。

PCR 技术被广泛用于农产品和食品原料的物种鉴定,帮助人们对食品的真假做出科学的判断,例如市场上销售的牛肉如果混杂了猪肉,就可以通过对样品的 DNA 进行猪肉基因的扩增,来识别是否含有猪肉成分。这种方法特别适合肉眼无法判断的样品,例如深加工的食品,如罐头、火腿、果汁、鱼片等。另外,这种基因水平的检测原则上适用于几乎所有的生物,包括动物、植物、微生物等。因此除了真伪鉴定,还可以用于生物有害物,如过敏源、致病菌、病毒等的检测。

基因芯片

要说"基因芯片"的话,咱们不妨先说说"电脑芯片"。电脑芯片就是一块装满微小集成电路的小"片",它是计算机的"心脏"。那么什么是基因芯片呢?其实,在某些地方它与电脑芯片有一定的相似之处,基因芯片又叫DNA芯片,它用的是一小块玻璃片或硅片等,装在这种片上的是一个个可长可短的DNA片段。通过微加工技术,将这些DNA片段(基因探针),有规律地排列固定于硅片、玻璃片等支持物上,而它们的DNA序列及其位置都作为最重要的信息被储存在一台计算机里。这与计算机的电子芯片十分相似,所以被称为"基因芯片"。

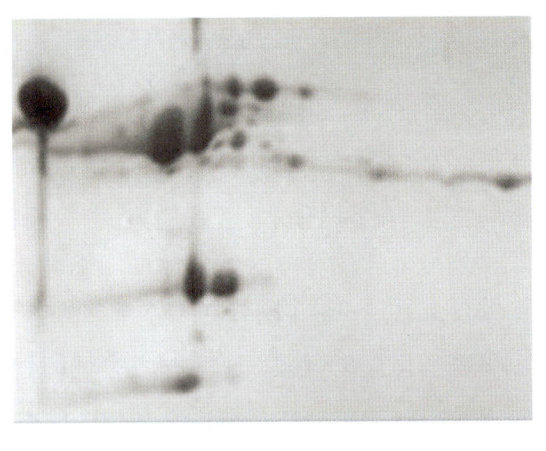

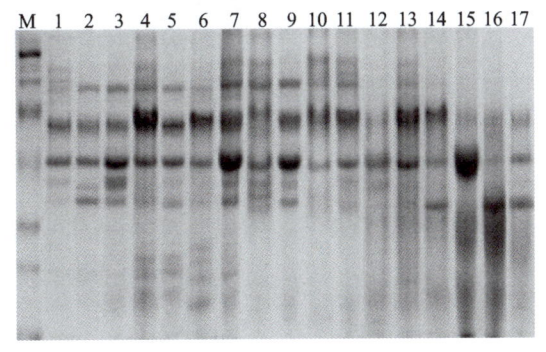

基因芯片具有很多独特的优势,例如快速、高效、自动化等。基因芯片不仅能在

早期的农产品安全检测中发挥作用；与传统的检测方法相比，它可以在一张芯片上，同时对多种样品进行多种因素的检测；利用基因芯片，还可以从分子水平了解各种影响农产品安全的因素。基因芯片的这些优势，能够使农产品安全研究人员在短时间内掌握大量的相关检测信息。除此之外，基因芯片在新药的筛选、临床用药的指导等方面，也有重要作用。

蛋白质电泳技术

蛋白电泳的原理是在碱性环境里，让带负电荷的蛋白在电场中向阳极泳动，因各蛋白质等电点和分子量有差异，分子量小、负电荷多的蛋白质泳动最快，分子量大、负电荷较少的蛋白质泳动较慢，以此区分不同蛋白质。

蛋白电泳法分为一维电泳和二维电泳两种。一维电泳法根据蛋白的分子量不同将其区分开，只进行一次电泳分离；二维电泳法根据蛋白的等电点和分子量两种不同特性，采用两相电泳将样品中的蛋白质区分开，因此其分辨率高于一维电泳法。

蛋白质电泳主要应用于测定蛋白质的分子量、鉴定蛋白以及分离样品中的各种蛋白质。例如，蛋白质电泳可以对婴儿配方食品中乳清蛋白含量进行测定。我国国家标准 GB 10765—2010《婴儿配方食品》中，要求"乳基婴儿配方食品中乳清蛋白含量应≥60%"，即以乳或乳蛋白制品为主要原料的婴儿配方食品中，乳清蛋白所占总蛋白质的比例应大于等于60%，就是利用SDS—聚苯烯酸胺凝胶电泳的原理来进行分离和测定的。

酶联免疫吸附法

酶联免疫吸附法（ELISA）是将已知抗原或抗体吸附在固相载体（聚苯乙烯微量反应板）表面，使酶标记的抗原抗体反应在固相表面进行，滴加底物溶液后，底物可在酶作用下出现颜色反应。

目前ELISA技术已广泛用于有机磷类、有机氯类、除虫菊酯类等农药残留的检测。免疫检测体系的建立及样品快速免疫检测方法的应用，间接竞争酶联免疫吸附分析方法以及基于间接竞争ELISA原理成功研制的溴氰菊酯残留ELISA检测试剂盒，能基本满足对农兽药残留检测的需要。

该技术还可应用于非法添加剂的快速检测。例如针对"苏丹红"的单克隆抗体间接竞争性酶联免疫吸附方法具有高灵敏度、专一性强、样品处理简单、样品检测量大以及成本低等优点。在"瘦肉精"检测中，采用竞争酶联免疫法可对猪尿、猪肝中的克伦特罗残留进行检测筛选，具有速度快、准确性高和重复性强的特点，且检测费用相对低廉。目前国内已经开发研制了专门针对三聚氰胺的酶联免疫快速检测试剂盒和免疫胶体金检测试纸条。

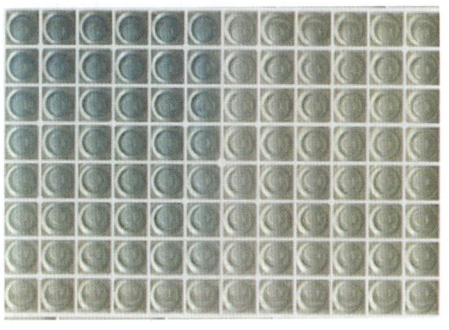

现代感官仿生技术

感官仿生技术是利用生物学原理并结合现代工程技术设计出的新型传感器，根据某些生物具有的独特特征，进行检测和鉴别的技术。

电子鼻。电子鼻是利用气体传感器阵列的响应图案来识别气味的电子系统，它可以在几小时、几天甚至数月的时间内连续、实时地监测特定位置的气味状况。简单地说，电子鼻是模拟人类鼻子系统功能的一台仪器，能够识别单一的或复合的气味。可用于检测食品、烟草、发酵产品、香精香料等，分辨不同的食品样品，并对污染样品进行判别。

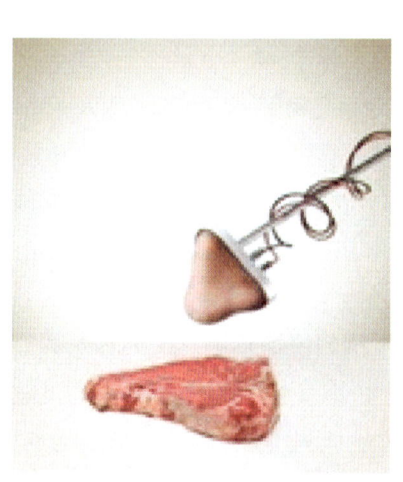

电子舌。电子舌就是模拟人类舌头的功能应用于液体中味道判定及成分分析的仪器，可以在短时间内分辨和定量溶液中不同的味觉或化学成分。可用于对肉制品品质及新鲜度进行评价，对酒类品种的区分与识别，不同产地的葡萄酒进行辨识，对茶叶品质及产地识别等。

电子鼻与电子舌结合。不论人或动物，鼻子和嘴总是离得很近，客观上造成了从不同角度对同一食物同时识别的可能。后来，人们研究发现，各种各样的食物、饮料，同时具有味觉和嗅觉的特征。对物质分析，同时使用电子舌与电子鼻，显然比单独使用其中一个要精确得多。

对苹果汁、橙子汁和菠萝汁进行检测，单独使用电子鼻不能区分苹果汁和菠萝汁；单独使用电子舌，橙子汁样本不能完全从苹果汁中区分出来。当把两种传感器的数据结合起来时，能改善分类能力。

附录

农产品和食品标志

近几年食品安全事件频发，我们应懂得食品包装上标志的安全级别，只有这样我们才会买得安心、吃得放心。

企业食品生产许可证标志

根据国家质量监督检验检疫总局《关于使用企业食品生产许可证标志有关事项的公告》（总局2010年第34号公告），企业食品生产许可证标志以"企业食品生产许可"的拼音"Qiyeshipin Shengchanxuke"的字头"QS"表示，并标注"生产

新旧版对比

许可"中文字样。标志主色调为蓝色，字母"Q"与"生产许可"四个中文字样为蓝色，字母"S"为白色。该标志是企业产品生产许可的标志，没有取得相关生产许可证的企业则不能生产食品，不能使用这个标志。

原有的 QS 标志是英文"质量安全（Quality Safety）"的首字母缩写"QS"，是食品质量安全市场准入证的简称，是工业产品生产许可证标志的组成部分，也是取得工业产品生产许可证的企业在其生产的产品外观上标示的一种质量安全外在表现形式。该标志由"质量安全（Quality Safety）"英文首字母"QS"和"质量安全"中文字样组成。此次变更主要是在标志的中文字样上有所变动，原先 QS 标志下方的"质量安全"字样变为"生产许可"。

从 2010 年 6 月 1 日起，新获得食品生产许可的企业使用企业食品生产许可证标志。之前取得食品生产许可的企业在 2010 年 6 月 1 日起 18 个月内可以继续使用原已印制的带有旧版生产许可证标志的包装物。

无公害农产品标志

无公害农产品是指产地环境符合无公害农产品的生态环境质量，生产过程符合规定的农产品质量标准和规范，有毒有害物质残留量控制在安全质量允许范围内，安全质量指标符合《无公害农产品（食品）标准》的农、牧、渔产品（食用类，不包括深加工的食品），经专门机构认定，许可使用无公害农产品标志的产品。广义的无公害农产品包括有机农产品、自然食品、生态食品、绿色食品、无污染食品等。这类产品生产过程中允许限量、限品种、限时间地使用人工合成的安全的化学农药、兽药、肥料、饲料添加剂等。它符合国家食品卫生标准，但比绿色食品标准要宽。

无公害农产品是保证人们对食品质量安全最基本的需要，是最基本的市场准入条件，普通食品都应达到这一要求。

无公害农产品标志图案主要由麦穗、对勾和无公害农产品字样组成，麦穗代表农产品，对勾表示合格，橙色寓意成熟和丰收，绿色象征环保和安全。

● **绿色食品标志**

绿色食品标志是由绿色食品发展中心在国家工商行政管理总局商标局正式注册的质量证明标志。它由三部分构成，即上方的太阳、下方的叶片和中心的蓓蕾，象征自然生态；颜色为

A级绿色食品标志

AA级绿色食品标志

绿色，象征着生命、农业、环保；图形为正圆形，意为保护。AA级绿色食品标志与字体为绿色，底色为白色，A级绿色食品标志与字体为白色，底色为绿色。整个图形描绘了一幅明媚阳光照耀下的和谐生机，告诉人们绿色食品是出自纯净、良好生态环境的安全、无污染食品，能给人们带来蓬勃的生命力。

绿色食品标志还提醒人们要保护环境和防止污染，通过改善人与环境的关系，创造自然界新的和谐。它注册在九大类食品上，并扩展到肥料等绿色食品相关类产品。绿色食品标志作为一种产品质量证明商标，其商标专用权受《中华人民共和国商标法》保护。食品通过专门机构认证，许可企业依法使用绿色食品标志。

有机食品标志

有机食品（Organic Food）也叫生态或生物食品等。有机食品是目前国际上对无污染天然食品比较统一的提法。有机食品通常来自于有机农业生产体系，根据国际有机农业生产要求和相应的标准生产加工的。

这里所说的"有机"不是化学上的概念——分子中含碳元素——而是指采取一种有机的耕作和加工方式。有机食品就是指按照这种方式生产和加工的，产品符合国际或国家有机食品要求和标准，并通过国家有机食品认证机构认证的一切农副产品及其加工品，包括粮食、菌类、蔬菜、水果、奶制品、禽畜产品、蜂蜜、水产品、调料等。

有机食品标志采用人手和叶片为创意元素。我们可以感觉到两种景象，其一是一只手向上持着一片绿叶，寓意人类对自然和生命的渴望；其二是两只手一上一下握在一起，将绿叶拟人化为自然的手，寓意人类的生存离不开大自然的呵护，人与自然需要和谐美好的生存关系。有机食品概念的提出正是这种理念的实际应用。人类从自然中获取食物，人类的活动应尊重自然规律，这样才能创造一个良好的可持续的发展空间。

有机食品在生产和加工过程中必须严格遵循有机食品生产、采集、加工、包装、储藏、运输标准，禁止使用化学合成的农药、化肥、激素、抗生素、食品添加剂等，禁止使用基因工程技术及该技术的产物及其衍生物。

有机食品生产和加工过程中必须建立严格的质量管理体系、生产过程控制体系和追踪体系，因此需要有转换期。这个转换过程一般需要 2～3 年时间，才能够被批准为有机食品。

● **农产品地理标志**

地理标志产品，是指产自特定地域，所具有的质量、声誉

或其他特性本质上取决于该产地的自然因素和人文因素，经审核批准以地理名称进行命名的产品。

地理标志产品包括来自该地区的种植、养殖产品，以及原材料全部来自该地区或部分来自其他地区，并在该地区按照特定工艺生产和加工的产品。

2005年5月16日，国家质量监督检验检疫总局局务会议审议通过《地理标志产品保护规定》，自2005年7月15日起施行。

地理标志产品保护申请，由当地县级以上人民政府指定的地理标志产品保护申请机构或人民政府认定的协会和企业提出，并征求相关部门意见。申请保护的产品在县域范围内的，由县级人民政府提出产地范围的建议；跨县域范围的，由地市级人民政府提出产地范围的建议；跨地市范围的，由省级人民政府提出产地范围的建议。

国家质检总局对收到的申请进行形式审查。审查合格的，由国家质检总局在国家质检总局公报、政府网站等媒体上向社会发布受理公告；审查不合格的，应书面告知申请人。有关单位和个人对申请有异议的，可在公告后的2个月内向国家质检总局提出。

结　语

"人而无信,不知其可也"。科学生产,诚信经营,是造福社会、惠及子孙的长久之计。"水旱,天时也;肥瘠,地利也;修治垦壁,人和也"。农产品和食品安全是国计民生的基本,需要生产者、经营者、管理者、科研工作者的共同努力。

本书的编者囿于知识背景,笔力有限,但希望通过这个科普读本,浓缩农产品和食品安全科学的精要,为生产和经营者提供相关知识,为消费者提供健康饮食的常识。

在架构上,全书针对目前全世界普遍关注的几类食品安全主题,包括农药、兽药、微生物、毒素、过敏源等,从不同角度对这些问题的根源、危害、控制等进行叙述,并简要介绍了现代农产品和食品安全管理模式以及现代检测技术。在内容上,编者立足于日常科研工作的经验和积累,广泛查阅文献,形成了对这些问题的理解和思考,不足甚至错误之处请读者谅解并批评指正。